Liv Ullmann, in Japan geboren, verbrachte ihre Kindheit in Kanada und ihre Jugendjahre in Norwegen. Sie besuchte eine Schauspielschule in England und begann ihre Bühnenkarriere mit klassischen Rollen. 1959 erhielt sie ihre erste Filmrolle. Sie begegnete dem schwedischen Regisseur Ingmar Bergman. Er drehte mit ihr acht Filme, darunter »Szenen einer Ehe«. Nach ihrem internationalen Durchbruch filmte sie in Hollywood und spielte am Broadway. 1977 wurde sie von den New Yorker Kritikern zur besten Schauspielerin des Jahres gewählt. Auch als Schriftstellerin machte sie sich einen Namen. Ihr erstes Buch »Wandlungen« (1976) wurde ein Weltbestseller. Seit 1980 ist sie Sonderbotschafterin des Kinderhilfswerks der Vereinten Nationen, UNICEF.
Liv Ullmann hat eine Tochter aus der Verbindung mit Ingmar Bergman. Sie lebt heute mit ihrem zweiten Mann in New York.

Von Liv Ullmann ist außerdem erschienen:

»Wandlungen« (Band 568)

Vollständige Taschenbuchausgabe 1987
Droemersche Verlagsanstalt Th. Knaur Nachf., München
Lizenzausgabe mit freundlicher Genehmigung des
Scherz Verlag, Bern und München
Titel der Originalausgabe »Choices«

Einzig berechtigte Übersetzung aus dem Amerikanischen von
Marianne Pasetti-Swoboda
Umschlaggestaltung Adolf Bachmann
Druck und Bindung Elsnerdruck, Berlin
Printed in Germany 5 4 3
ISBN 3-426-02349-0

Liv Ullmann:
Gezeiten

Knaur

Inhalt

Dank

Mein größter Dank gilt vier Frauen, die es mir, jede auf ihre Weise, ermöglichten, dieses Buch zu schreiben.

Marilyn Cain schulde ich Dank für ihre immerwährende Warmherzigkeit und Unterstützung.

Barbara Ball dafür, daß sie mir immer wieder Anregung und Ermutigung gab, obgleich sie selbst mitten in der Abschlußarbeit an ihrem eigenen Buch stand.

Kathy Hobson, die unermüdlich die vielen Fassungen las und mir ihre Zeit und ihren Rat schenkte.

Und schließlich gilt er Linn, die mir Glück bereitete.

Ich hätte ein Buch wie dieses nicht schreiben können, wären mir nicht die Erfahrungen und die Zeit meiner Freunde und Dolmetscher im Außendienst von UNICEF und des International Rescue Committee zugute gekommen.

Besonderer Dank gilt Bob Gottlieb, Verleger der Originalausgabe und Freund, der mir vertraute, meine eigenen Entscheidungen zu treffen.

Ich danke auch Ursula Ibler für ihre einfühlsame und sorgfältige Vorbereitung der deutschsprachigen Textfassung.

Schließlich mein Dank an Donald aus Gründen, die er kennt.

Und an Abel für all seine Liebe.

Erster Teil

Wandlungen

31. Dezember 1982

Wieder ist ein Jahr zu Ende. Ich verbringe dieses Wochenende in meinem Cottage, das am Rand einer Klippe liegt. Dick in Wollsachen eingepackt, stapfe ich dem Wind entgegen, bleibe stehen, um aufs Meer hinauszusehen. Mein Begleiter ist ein alter, geliebter Hund. Das Tageslicht beginnt schon zu verblassen, obgleich die Mittagszeit kaum vorbei ist. Auf den Tannen liegt Schnee, die kleinen Wasserpfützen in den Granitfelsen sind zu Eis gefroren.

Der letzte Tag des Jahres, und meine Wirklichkeit ist Einsamkeit.

Das Meer unter mir scheint endlos, dunkel und unergründlich liegt es da.

Ich gehe die Klippe entlang. Mein Hund ist vergnügt, läuft voraus, kommt zurück, apportiert Hölzer, die ich ihm wieder zuwerfen soll. Wenn ich ihn nicht beachte, bleibt er einen Augenblick stehen, den Kopf leicht gesenkt.

Wir gehen über abschüssiges graues Felsgestein, das schlüpfrig ist. Ich berühre die verwitterten Baumstämme, an denen wir vorbeigehen.

Ich beuge mich über die Klippe und schaue auf den Ozean hinaus.

Die Gezeiten, Bewegung und Wogen und Stürme des Meeres. Im Geiste sehe ich die unendliche Vielfalt an Leben und Farbe und Bewegung und Gefahr unter der schwarzen, rauhen Oberfläche.

Das Meer ist unverändert, seit ich das erstemal diese Pfade entlangging, angezogen vom Anblick des Wassers, das mein Haus umgibt. Verändert hat es sich nur durch das, was inzwischen mit mir geschehen ist.

Ich sehe den Ozean, wie er ist, doch auch so, wie er zuvor war. In mir lebt noch die Tiefe von damals, wogt unter der Tiefe, die ich mir heute vorstelle.

In der einfallenden Dunkelheit beobachte ich die Ebbe, wie sie die Felsen schwarzglänzend zurückläßt, und ich beschließe zu bleiben und die eintretende Flut abzuwarten.

Die Zeit ist mein Gefährte.

Ich bin mit der See und ihren hallenden Stimmen und verliere mich in ihrem Rhythmus.

Der Wind bläst, läßt den Hund frösteln, der trotz seines dichten Fells jetzt weiter möchte, an mir hochspringt, mich zum Gehen auffordert.

Ich lächle und denke zurück an kalte Winterabende mit heißer Schokolade und Erdbeerkuchen voll dicker, selbstgemachter Schlagsahne. Und daran, wie ich als kleines Kind alle meine Spielzeugtiere mit ins Bett nahm. Und wie wir dann davonsegelten zu meinem Papa im Himmel. Was für wunderbare Reisen waren das doch!

Manchmal hole ich noch heute einige Tiere aus ihren

alten, verstaubten Pappschachtelbehausungen hervor. Ich betrachte ihre Glasaugen und ihre zerrissenen Ohren und frage mich, ob noch etwas an ihnen haftengeblieben ist von dem kleinen Mädchen, das ich einst war, ein Geruch oder die Erinnerung an eine Berührung.

Ich denke zurück an Kindergesellschaften, bei denen wir «Die Reise nach Jerusalem» spielten. Was für ein glückliches kleines Mädchen muß ich gewesen sein, irgendwie immer einen Stuhl zu erwischen!

Diese Pfänderspiele meiner Jugendzeit, wenn unentwegt die Flasche kreiselte und im halbdunklen Zimmer aufblitzte, umringt von begierigen, errötenden Mädchen und Jungen. Die Küsse, die Erregung und die Begegnungen hinter Sofas und Türen. Und in den dunklen Gängen. Unbeholfene Berührungen, die keiner sehen sollte . . .

Der Wind ist heftiger, die Wogen sind stärker geworden, weiß bekränzt.

Der Hund ist zum Haus zurückgelaufen, bellt ab und zu, erinnert mich daran, wie wohlig es drinnen ist. Ich habe noch keine Lust, hineinzugehen.

Mein geliebtes Refugium, ein kleiner Fleck am Meer.

Ich schaue hinunter über die Klippe. Ich kann das Meer jetzt nicht mehr sehen.

Die Flut bringt uns zurück, was verloren und gestrandet und der Tiefe anheimgegeben war. Die weite Fläche der Wogen, ihr Dröhnen im Dunkel unter mir, wie tröstlich sie sind in dieser Altjahrsnacht.

Ich verlasse den Rand der Klippe, das Tosen der See, ich senke den Kopf, um zu meinem Cottage zurückzugehen. Der Hund kommt mir entgegen.

Wir werden uns jetzt Kerzen anzünden und im Zimmer Feuer machen, um den Beginn des neuen Jahres zu feiern.

Ich kenne eine Frau, die zu einer
Tür hinausging. Ibsens Tür.
Ich weiß, was einer Nora widerfuhr,
als sie gegangen war; sie ging hinaus und
ließ weiterhin andere für sie entscheiden.

Wie viele Frauen von jetzt vierzig wuchs auch ich unter strikter Autorität auf, wo Entscheidungen sowohl für die Gegenwart wie für die Zukunft eindeutig als Entscheidungen verstanden wurden, die bereits vorgezeichnet waren.

Als kleines Mädchen gebot man mir, im Kreis von Erwachsenen freundlich und brav zu sein. Man brachte mir bei, Geschirr und Töpfe abzuwaschen und Essen zuzubereiten. Man erwartete von mir, daß ich eine nette Frau würde, die sich um ihren Ehemann kümmert, Babys bekommt und sich niemals scheiden läßt. Dann plötzlich, als ich siebzehn wurde, setzte sich die Idee der Gleichberechtigung auch in meiner Heimatstadt durch. Nun sagte man mir, daß eine wahre Frau entsprechend ihren eigenen Fähigkeiten lebe. So mußte ich alles, womit ich gläubig aufgewachsen war, in Frage stellen.

Wann immer ich mich befreit fühlte, sagte eine Stimme in mir: «Das ist nichts für artige Mädchen.» Doch wenn ich dann das brave kleine Mädchen war, beharrte eine andere Stimme: «Eine emanzipierte Frau tut, was *sie* will.»

Jeden Tag hatte ich dem Widerstreit dieser Stimmen in mir zuzuhören, ehe ich herausfand, was *ich* wirklich wollte.

Die Frauen meiner Generation gerieten zwischen zwei Epochen: die, als es keine freie Entscheidung gab, und die, seitdem wir eigene Entscheidungen treffen können.

Doch die Ära der Selbstbestimmung brachte eine neue Folge von Verhaltensregeln mit sich, die nicht unbedingt an die Frauenbefreiung gebunden waren. Der Befreiung von der Autorität folgte nur ein anderer Zwang: All die neuen Ideen stürmten auch auf Frauen ein, die gar nicht wußten, wie sie ihre neu gefundene Unabhängigkeit meistern sollten. Die befreite Frau schwamm mit im Strom all der anderen, ebenfalls befreiten Frauen, sagte das, was alle sagten, las, was alle lasen. Dem angepaßt, woran sich alle anderen anpaßten.

Aus den neuen Ideen ging die «freie» Frau hervor, die alles über ihre eigene Sexualität verstehen lernte. Man sagte ihr, wann und wo sie fühlen sollte, wann und wie sie ihre eigenen Forderungen zu stellen habe. Und falls sie je unsicher wurde, kaufte sie ein weiteres Buch und suchte nach all den Körperstellen, wo ihre wahre Identität verborgen sein sollte. Und sobald sie alles wußte, was es über ihre eigene Identität zu wissen gab, strebte sie nach der Vervollkommnung ihres Körpers. Muskeltonus und Straffheit wurden ihre neuen Schlüsselwörter. Wenn sie ihre Diät vernachlässigte, hatte sie schlimmere Schuldgefühle als jemals vor ihrer Befreiung. Minderwertigkeitskomplexe wegen ihrer Figur und Verunsicherung, wenn das Suchen nach sexueller Erfüllung fehlschlug, verdrängten all die Sorgen, die sie sich sonst um die Welt, in der sie lebte, gemacht hätte.

Und hatte sie all das hinter sich, mußte sie gleich eine neue Lektion lernen: Anpassung war gut, solange es um den eigenen Seelenfrieden ging, nicht aber anderen zuliebe geschah.

Selbst als ich mich freigeschwommen hatte, brachte ich nicht den Mut auf, Entscheidungen zu treffen. Zwar bot mir mein Leben reichlich Möglichkeiten, wählen zu können, doch meistens lebte ich so, als gäbe es sie gar nicht. Daß ich keine Entscheidungen traf, hatte zur Folge, daß ich in meiner Erinnerung nicht dieselbe Frau bin, die ich in Wirklichkeit zu sein glaubte.

Manche Dinge sind unabänderlich: Ich wurde geboren. Ich bin ein Teil des ewigen Kommens und Gehens wie die Gezeiten des Meeres. Und am Ende wird auch meine Welle, wie all die anderen, sich an den Felsen brechen.

Innerhalb dieses Rahmens habe ich meine Entscheidungsmöglichkeiten, und ich werde danach beurteilt, ob und wie ich sie nutze.

Ich habe mir oft gewünscht, noch einmal neu anfangen zu können, wieder ein Kind zu sein und zu erleben, wer ich *damals* war und wer ich *sein* wollte. Ich habe mir oft gewünscht, in mir das Mädchen wiederzuentdecken, das so unschuldig und wissend zugleich war, ehe man ihr beibrachte, worum es im Leben geht.

Auf der Suche nach meiner verlorenen Unschuld habe ich eine Tür durchschritten. Damals glaubte ich, nach einem Ziel unterwegs zu sein, statt dessen aber fand ich den Sinn, der darin liegt, frei wählen zu können.

Als ich die Tür durchschritt, wußte ich nicht, daß ein Teil meiner Reise bereits hinter mir lag.

I remember Mama, ein rührendes und heiteres Theaterstück, wird zu einem Musical umgeschrieben.
Der Regisseur sagt mir, ich sei die einzige auf der Welt, mit der er es machen könne. Richard Rodgers wird die Musik schreiben. Er sagt, er könne mich zum Singen bringen – ich habe nie zuvor gesungen.
Der Produzent sagt mir, die Rolle der Mama sei eine Erholung nach den Frauentypen voll seelischer Probleme, die ich normalerweise darstelle.
Wir treffen meine Entscheidung.
Ich möchte eine Frau spielen, die mit dem normalen Leben fertig wird. Ich möchte gern etwas heiterer sein und Gelächter hören. Ich habe genug vom Leben einer Tragödin mit all ihren Vergewaltigungen und Selbstmorden, ihren Neurosen und ihrer Frigidität.
In *Mama* werde ich jeden Abend hinter der Bühne mit allen anderen meinen Spaß haben.
Wir werden miteinander singen und tanzen.
Das wird lustig!

«Könnten Sie, bitte, einmal ein kleines Lied singen?» fragt Richard Rodgers höflich. «Das würde es mir sehr erleichtern, wenn ich Ihre Songs komponiere.»

«Ich getrau mich nicht.»

«Früher oder später müssen Sie sowieso singen», sagt das altehrwürdige Genie sanft. «Dies ist ein Musical.»

«Ach, ich schäme mich so wegen meiner Stimme.»

«Alles schon mal gehört. Mich kann nichts überraschen», beruhigt er mich. «Nur keine Angst. Ich muß bloß Ihre Tonlage kennenlernen. Singen Sie irgend etwas. Meinetwegen *Happy Birthday to You.*» Dieser wunderbare Mann nimmt meine Hand und schaut mich ermutigend an.

Ich singe.

Vor meinen Augen altert er um zwanzig Jahre.

Fast täglich werden dem Stück neue Szenen, neue Songs und Tanznummern hinzugefügt. Nach den ersten Probetagen, die ich im Korridor herumstehe in der vergeblichen Hoffnung, man würde Zeit haben, einige meiner Szenen durchzugehen, erwäge ich, eine Pizzeria aufzumachen oder Astronautin zu werden.

Nach fünf Wochen bin ich noch immer eine Musical-Anfängerin ohne ausreichende Proben, die man bereits in Voraufführungen vor zahlendem Publikum auftreten läßt. Ein umgearbeitetes Textbuch, das ich erst um drei Uhr nachmittags in die Hand bekomme, wird am gleichen Abend in einer Probeaufführung vor 1600 Leuten dargeboten.

Angst hat sich im Theater breitgemacht, und niemand

wagt es, nach einer Vorstellung seine Garderobe zu betreten, denn wenn dort der Produzent mit betrübtem Gesichtsausdruck sitzt, heißt das, der Schauspieler, in dessen Stuhl er Platz genommen hat, ist seine Rolle los.

Während der dreieinhalb Monate vor der Premiere am Broadway werden auf diese Weise zweiundzwanzig lebende Seelen inklusive dreier Katzen und zweier Katzenwärter zum Teufel geschickt.

Wir taufen den Bühneneingang «Die Drehtür».

Jeden Tag landen im Papierkorb ganze Bündel von Notizblättern mit meinen Verbesserungsvorschlägen, die ich in schlaflosen Nächten zusammenkritzele. Der Regisseur, der auch der Texter der Chansons ist, hat jedoch wenig Vertrauen in meine Vorschläge, da ich nur eine Frau bin, Ausländerin obendrein. Er geht mir so gut er kann aus dem Weg, obgleich dies ein Musical über norwegische Emigranten ist und ich der Star bin. Statt dessen bezieht er seine Informationen über skandinavische Lebensgewohnheiten von einer jungen Schwedin, die sich gerade als Playmate des Monats «enthüllt» hat.

Seine neuerworbenen nordischen Kenntnisse kommen in der Produktion auf höchst interessante Weise zum Vorschein. Mama bekommt einen neuen Song über *Lutefisk*, eine norwegische Spezialität aus Kabeljau, der in einer Lauge aus Pottasche gebeizt wird. Wenn ich aber *«Fisch in Brandy, nur ganz leicht souffliert»* singe, weiß ich immer, wann Norweger im Publikum sitzen, da ihr Erstaunen hörbar ist.

Je älter man in diesem Beruf wird, desto mehr Menschen gibt es, mit denen man niemals wieder zusammenarbeiten würde.

Ich erfahre nach der Premiere, daß ein bekannter Theaterkritiker gefeuert worden ist. Er hatte eine schreckliche Besprechung über unser Musical geschrieben. Damit eine Produktion weiterlaufen kann, müssen die Vorstellungen mindestens einhunderttausend Dollar die Woche einbringen, und der scheidende Kritiker hatte das Verbleiben von *Mama* auf dem Spielplan sehr erschwert. Wer möchte denn schon in ein Stück gehen und einen Star sehen, der «wie eine Reklame für Cornflakes aussieht, wenn sie lächelt»! Einen Augenblick bin ich in Versuchung, ihm ein Telegramm zu schicken: «Wir sind immer noch im Rennen. Wie steht's bei Ihnen?»

Dennoch, der Corn-flakes-Star findet die Meinung des Kritikers über das, was auf der Bühne abläuft, weniger beunruhigend als die vorangegangenen vier Monate mit Proben und Voraufführungen.

Am Tag der Premiere habe ich ein Live-Interview im Fernsehen.

INTERVIEWER: Halli, hallo! Herzlich willkommen bei uns.

ICH: Danke.

INTERVIEWER: Also, Sie sind nach Hollywood gegangen und erlebten dort ein Fiasko. Wie erklären Sie sich das?

ICH: Vielleicht haben Hollywood und ich nicht zueinander gepaßt.

INTERVIEWER: Aber es war ein derartiges Fiasko! Können Sie uns sagen, woran das lag?

ICH: Nicht jedem gelingt es, innerhalb eines

	Jahres zwei große Produktionen platzen zu lassen.
INTERVIEWER:	Na, was ist denn nun wirklich los mit Ihrer Karriere und Ihrem Leben?
ICH:	Ich bewerte mein Leben nicht nach Begriffen der Karriere.
INTERVIEWER:	(Lacht)
ICH:	Ich will sagen –
INTERVIEWER:	(Unterbricht) Es heißt, daß Sie ziemlich scheu sind. Aber Sie haben immerhin ein uneheliches Kind, und Sie sind mit Henry Kissinger ausgegangen. Wie erklären Sie das?
ICH:	(Pause)
INTERVIEWER:	Nun, die Dinge scheinen jetzt für Sie besser zu stehen. Gute Nacht. War nett, mit Ihnen zu reden.

Ein unbekannter Mann ruft meine Sekretärin an und bittet sie, ein Zusammentreffen mit mir zu arrangieren. Sie antwortet ihm, bedauerlicherweise sei ich so beschäftigt, daß ich kaum Zeit habe, meine Freunde zu sehen.

Der Fremde am Telefon ist verwundert: «Aber soviel ich weiß, hat sie doch keinerlei Freunde!»

Jeden Donnerstag kommt während des letzten Akts ein Mann in den Zuschauerraum, um «Buh!» zu rufen, wenn ich zum Schlußapplaus auf die Bühne gehe.

Als es das erstemal geschieht, bringt mich das ganz aus der Fassung, und ich beschließe, mich nie mehr zu verbeugen. Jedem ist klar, daß das Blödsinn ist und ich die Sache nur dramatisiere. Niemand zeigt Mitgefühl, obgleich der Produzent Blumen und Champagner anfahren läßt, die Standardmedizin, wenn ein Star durchdreht.

An den restlichen Tagen dieser Woche rufen drei Leute im hinteren Zuschauerraum «Bravo!», als ich mich verbeuge.

Wir alle fragen uns, ob der Buhrufer bezahlt war, und wenn ja, von wem. Als die Bravorufe beginnen, frage ich mich, ob sie gleichfalls bezahlt sind, und wenn ja, von wem. Doch selbst ein bezahltes «Bravo!» freut einen Star, den man erst kürzlich mit einer Corn-flakes-Reklame verglich; und am Donnerstag lächelt sie nur leicht betrübt, als der Mann «Buh!» ruft.

Einige Stunden verbringe ich täglich mit der Beantwortung Hunderter von Einladungen, Drohungen, Bitten um Spenden und Autogramme und Anfragen wegen Engagements, Geschenken, Blumen und Telegrammen.

Ein älterer Herr schreibt mir persönlich einen ungehaltenen Brief: Die zwei Eintrittskarten, die er bestellt hatte, seien, als er sie an der Kasse abholen wollte, schon an jemand anders verkauft worden. Ich schreibe ihm freundlich zurück, es wäre mir ein Vergnügen, ihn und seine Begleitung an einem ihm genehmen Abend einzuladen. Bescheiden füge ich hinzu, es müsse sich dabei, falls er uns noch immer böse sei, nicht einmal um eine unserer Vorstellungen handeln.

Prompt ruft er meine Sekretärin an und bestellt für sich und fünf Freunde Karten für ein anderes Stück und «bitte in den vordersten Reihen», er höre schlecht.

Ich habe ein Fernsehgerät in meiner Garderobe und sehe mich auf dem Bildschirm für *Mama* werben: «Ich bin mit Songs von Richard Rodgers aufgewachsen. Und stellen Sie sich vor – jetzt singe ich sie am Broadway!» Dann setze ich ein so niedliches Lächeln auf, wie es mir mit achtzehn gestanden hätte. (Man bat mich, potentielle Zuschauer nicht mit meinem «Bergman-Image» zu vergraulen.) Der Produzent der Werbesendung möchte, daß ich sage, meinen ersten Kuß bei einer Rodgers-Melodie erhalten zu haben. Meinen ersten Kuß bekam ich mit vierzehn in der Küche zu Hause, und wirklich vernahm ich *Blue Moon* leise aus dem Radio. Ich wartete aber eher auf das Glockengeläute, das ertönen sollte, wenn der Richtige käme. Der Kußfreund hatte einen Ring mit einem Totenkopf, den er mir schenkte.

Zwei Tage später erzählte mir meine beste Freundin, er habe zur gleichen Melodie ihren Busen angefaßt.

Eines Abends wartet Woody Allen in seiner Limousine mit Chauffeur vor dem Theater. Er nimmt mich zur Vorschau seiner letzten Filmkomödie mit. Es gibt nur uns beide.

Er sagt mir, ich solle nicht lachen, selbst wenn ich den Film komisch fände, weil er es sonst mit der Angst bekäme, wenn ich nicht an den Stellen lache, die *er* komisch fände. Dann legt er sich auf den Fußboden, den Rücken zur Leinwand, während ich an den Hühnerbeinen nage, die seine Haushälterin zubereitet hat; danach bringt er mich nach Hause. Ich lade ihn ein, sich *Mama* anzuschauen, falls er verspricht, nicht zu lachen.

Er lacht.

Ingmar ruft in der Nacht an und hat die Kritiken über mich gelesen. Er sagt, sie hätten nichts zu bedeuten. «Für einen Schauspieler ist es wichtiger, ein Geheimnis mit auf die Bühne zu bringen», sagt er, «das ist's, was das Publikum mitreißt.»

Leichter gesagt, als getan für jemanden wie mich, die nicht einmal wagt, beim Tanzen auf ihre Füße zu schauen, weil ein Kritiker schrieb, ich zählte beim Tanzen ständig die Schritte.

Doch Ingmar sagt, ich sollte glückliche Geheimnisse auf die Bühne bringen, und das versuche ich am folgenden Abend.

Unglücklicherweise ist es Donnerstag, und der «Buh-Mann» ist da.

Allmählich werde ich ungeduldig. Und gelangweilt. Als Schauspielerin möchte ich, daß in den mich betreffenden Inszenierungen jedes Detail vor der Premiere festgelegt ist. Doch wie kann ich das von Regisseuren erwarten, die sich auf Improvisation verlassen, um die Probleme zu lösen, die sie durch unzureichende Vorbereitungsarbeit geschaffen haben. Sechs Wochen nach der Premiere muß ich noch immer improvisieren. Ich vermisse die Regisseure von früher, denen daran lag, daß Situationen *klar* sind: In dieser Szene geht es *darum* und in dieser Szene *darum;* hier spielt die Geige, und hier spielen sämtliche Fagotts. Gute Regisseure wissen das alles und inszenieren es auch. Sie *benutzen* die Schauspieler, sie werden gefordert von der Phantasie derer, mit denen sie arbeiten.

Sieh mich an! Benutze mich!

Wie im Leben.

Ich möchte ans Spielen herangehen mit der Gabe meines eigenen Ich, mit meinen eigenen Erfahrungen auch von außerhalb des Theaters. Wenn die Vorstellung vorbei ist, sitze ich manchmal in meiner Garderobe und denke an vergangene Inszenierungen – als ich, auf der Bühne stehend, ständig auf der Suche nach dem Menschen war, den ich darstellte. Und seiner niemals müde wurde.

Oh, diese Abende voller Wunder, wenn das alles zusammentrifft.

Wenn es wie eine Flutwelle aus mir hervorströmt, und mich nichts mehr hält. Nichts!

Diese Abende voller Wunder, wenn ich mit Leidenschaften spielen kann, nicht mit den eigenen freilich, sondern mit denen, die ich durch mich hindurchfließen lasse.

Wenn ich all das einsetzen kann, was ich über meine eigenen Gefühle weiß.

Wenn ich mein Erröten und meine Stimme und meine Tränen einsetzen kann.

Wenn es mein Körper ist, der sich bewegt.

Doch alles zu einem anderen Menschen gehört.

Oh, diese Abende voller Wunder, wenn das Spielen mir für einen kurzen Moment zu mehr Leben verhilft.

Und wenn ich am nächsten Tag zurückschaue, dann sind es die Gefühle der Rollengestalt, die ich wieder herbeirufe.

Ihr Weinen, ihre erstickte Stimme, ihr Lächeln, der kleine Schritt nur, den sie, verängstigt, machte.

Und dann die Freude zu wissen, ich kann diese Art zu empfinden in allen kommenden Vorstellungen beibehalten.

Beibehalten das, was ich selbst nicht mehr fühle, obgleich *ich* es war, die an einem dieser Abende voller Wunder für kurze Zeit von einer neuen Bewußtheit erfaßt wurde.

Aber wie kann ich mich für dieses Musical benutzen? Ich habe nicht die Worte, nicht die Bewegungen, das auszudrücken, was ich über meine Rolle weiß, eine Bäuerin – liebende Mutter einer norwegischen Emigrantenfamilie.

Wenn ich nicht im Theater bin und nicht den vielen gesellschaftlichen Verpflichtungen nachkomme, die einem Broadway-Star anhängen, und auch nicht die wirkliche norwegische Mama zu Hause bin, verbringe ich die Zeit mit dem Mann, den ich liebe.

Er ist ein hochangesehener Wissenschaftler, völlig damit ausgefüllt, eine Maschine zu entwickeln, die wie ein menschliches Gehirn funktionieren soll. Computer, Drähte, Lichter, Röhren und Mäuse. Er hat mehrere bildschöne Assistentinnen.

Er liest mir oft Gedichte vor, viele davon hat er selbst geschrieben. Er ist sehr methodisch, rügt mich, wenn er meint, daß ich zu impulsiv bin: «Du bist nicht nur das Produkt von heute, Liv, von diesem Augenblick.» Ich hatte ihm gesagt, daß ich im «Jetzt» leben möchte. Die Sonne scheint, und ich möchte mit ihm lachen und unbeschwert wie ein Kind sein, nur für einen Tag keine Vergangenheit oder Zukunft haben.

«Du bist das Produkt aus Milliarden von Augenblikken lange vor deiner Geburt. Vergiß nie, Liv, daß du nicht ohne Vergangenheit bist. In deiner Geschichte bist du verankert.»

Ich fühle mich immer bedrückt, wenn er solche Dinge sagt. Obgleich ich alles, was er sagt, aufschreibe, wenn ich allein bin.

Meistens jedoch dreht sich unsere Unterhaltung um das Gehirn. Auf unseren langen Spaziergängen kehren wir in kleine Coffee-shops ein. Manchmal, wenn es kalt ist, trinken wir Glühwein mit Zimt. Ich bin sehr glücklich bei diesen Spaziergängen. Ich liebe die Art, wie seine Wangen Farbe bekommen und sein Haar vom Wind zerzaust wird. Die Art, wie er geht, mit kleinen, vorsichtigen Schritten; beinahe auf den Zehenspitzen balanciert er seinen mächtigen Körper. Die Freude, die er ausstrahlt, wenn er in ein Geschäft hineingeht und mir Bücher und Schallplatten kauft, die Dinge mit mir teilt, die er am liebsten mag. Doch zuletzt reden wir immer wieder über das Gehirn.

«Was glaubst du, womit sich die Wissenschaft in Zukunft vorwiegend beschäftigen wird?» frage ich ihn an einem Sonntagmorgen. Für Wein ist es noch zu früh am Tag, so trinken wir Schokolade mit Schlagsahne.

Er denkt eine Weile nach und sagt dann mit der leichten, jungenhaften Stimme, die seine fünfzig Jahre Lügen straft: «Ich zweifle nicht daran, daß es die Suche nach der genauen Definition der *Abweichung* sein wird. Abweichung ist das, was den Unterschied zwischen lebender Substanz und programmierten Strukturen ausmacht – die Ausnahme von den Regeln der Lebensgesetze. Oder, wenn du so willst, Abweichung heißt, mit dem *Zufall* in Berührung zu kommen.»

Er macht eine Pause und fragt sich, ob ich ihn verstanden habe.

«Du mußt wissen, Liv, daß es den *Zufall* in der Logik einer Maschine nicht gibt. Doch dank der *Abweichung* können wir etwas lernen und es niemals vergessen und es an andere weitergeben. Darum spielt Abweichung eine absolut notwendige Rolle beim *Überleben*.

Schlagsahne umrahmt seine schön geschwungenen Lippen.

«Nehmen wir an, du willst eine Mücke töten. Du hast ein hervorragendes chemisches Produkt, mit dem dir das gelingt, und doch findet sich dabei unter Milliarden *ein* männliches Exemplar, das gegen das Mittel resistent ist. Diese Mücke findet unter einer anderen Milliarde Mücken ein weibliches Insekt, das gleichfalls überlebte. Und zusammen werden sie eine neue Spezies von Insekten gründen, die deinem perfekten Ausrottungsprodukt gegenüber resistent sind. Diese zwei Mücken, die Überlebenden, waren, verglichen mit den anderen, die starben, vermutlich die Abweichung, die Monster der Gruppe.»

Mein Geliebter betrachtet mich eine ganze Weile.

«Brauchst du die Monster?» frage ich und lege meine gestiefelten Füße auf seine Schuhe, rein um der Berührung willen. Er füßelt ein bißchen mit mir, während er weiterspricht.

«Weißt du, Liv, was sich bei den Insekten abspielt, geschieht auch mit unseren Zellen. Auch unter ihnen wird ein Monster sein. Das ist es, was die Wissenschaft in

Zukunft erforschen wird: Welche *Notwendigkeit* erfüllt die Monsterzelle? Was tut sie dort?»

Eine lange Pause entsteht. Er zieht seine Füße zurück.

«Ein Computer wird das Monster immer ablehnen, da es nicht zur Logik der Maschine gehört.» Der Gedanke macht ihn ganz traurig.

Ich brenne darauf, mein Wissen zu demonstrieren: «Aber hat nicht Einstein gesagt, daß Gott niemals würfelt, daß allem eine Ordnung zugrunde liege?»

Mein Freund starrt mich an und sagt dann geduldig: «Er hatte unrecht. Hast du jemals von Niels Bohr gehört?»

Mein Schweigen heißt Ja und Nein zugleich – was immer ihn glücklicher macht.

«Er wird dich, falls du seine Schriften verstehst, lehren, daß wir dem *Zufall* unterworfen und von ihm abhängig sind.» Mein Geliebter unterstreicht das Wort Zufall, indem er seine Tasse mit Schokolade aufnimmt und sie etwas drohend vor mir hin und her schwingt.

«Der Zufall ist unser Meister. Das geheime Spiel zwischen den Molekülen.» Er beginnt nach Geld zu suchen, um die Rechnung zu bezahlen, und ich weiß, daß er eine Verabredung hat und mich allein lassen wird. Während er nach meinem Arm faßt und vom Tisch aufsteht, sagt er eilig: «Der Wissenschaft fehlt gegenwärtig noch das Vokabular für alles. Wir haben keine Worte, um die geheimen Bewegungen der Moleküle zu erklären.» Draußen vor dem Coffee-shop winkt er ein Taxi herbei. «Wenn die Wissenschaft uns eine gute Definition der *Abweichung* geben könnte, würde uns das einen Riesenschritt vorwärts bringen.»

Wir sitzen in einem feuchten Wagen, da es draußen schüttet und das Dach undicht ist.

«Haben wir eine Chance, eine Atomexplosion zu überleben?» Ich habe das Gefühl, dies gehört zu unserem Gespräch. Er schaut mich mit Genugtuung an. Ich glaube, was er am meisten an mir mag, ist, daß ich weiß, wann ich die richtigen Fragen zu stellen habe.

«Nein, Liv», sagt er. «Kein menschliches Wesen hat die Chance, in der Form, die wir kennen, zu überleben. Allenfalls als eine Art Monstrum. Weil eben manche der Wesen, die wir für ganz abweichend von uns und für nutzlos halten, wie etwa Käfer und Küchenschaben, weil *die* jede Art von Nuklearexplosion überleben können. Denen macht das überhaupt nichts aus.»

Und damit stehe ich allein auf der Straße vor meinem Apartmenthaus und schaue meinem Geliebten nach, der zu seinem Laboratorium und seinem Computer davoneilt.

Zumindest sagte er, er fahre dorthin.

Ich sehe das Taxi entschwinden und frage in die Leere, die nach ihm zurückbleibt, hinein: «Wenn es regnet und du die Wahl hast, entweder in einem Zimmer voll Löcher in der Decke oder im Freien zu sein – wofür entscheidest du dich?»

Das Taxi ist verschwunden.

Ich schaue betrübt den Portier an, der nicht erstaunt zu sein scheint, daß ich im Regen stehe und zu einer leeren Straße rede.

«Es ist unangenehmer und demütigender, in einem Zimmer voll Löcher zu sein ...»

Ich schenke dem Portier mein charmantestes Lächeln und sage, als ich an ihm vorbeigehe: «... es sei denn, daß man den Regen besonders gern mag.»

Ich habe einen alten chinesischen Kochtopf in meinem Cottage.

Ich kam mit meinem Geliebten und zeigte ihm den schönsten Flecken Erde, den ich kenne. Die Klippen – die Fjorde – das Licht – die Flechten. Er sah nur den chinesischen Wok.

Er ist alt und ziemlich rostig.

Er lachte ein wenig spöttisch und sagte: «Warum hebst du so was auf?»

Ich dachte daran, wer ihn mir geschenkt und die köstlichsten Gerichte darin zubereitet hatte. Ich erinnerte mich an den Duft von Hühnchen und Ingwer. Erinnerte mich an die Sonne draußen. Und ich schaute meinen Geliebten an, der nur den Rost sah.

Während er mir den Rücken zukehrte, machte ich mich mit meinem Wok an die Arbeit. Ich wußte, dies würde eine unserer letzten gemeinsamen Mahlzeiten sein.

Mein Geliebter verließ mich eines Donnerstag nachts.

Da er nie vor Mitternacht mit seiner Arbeit an dem

Gehirn aufhörte, ging ich mit einem berühmten Psychiater zum Abendessen, der mit mir einen Film machen wollte.

«Ich werde nur Ihr Gesicht zeigen», sagte er, «und durch Ihr Gesicht werden wir lernen, die Qualen zu verstehen, ein Mensch zu sein.»

«Nichts vom Glücklichsein?» fragte ich.

«Im wesentlichen ist es das Trauma. Ihr Gesicht eignet sich gut dafür.» Er tätschelte meine Hand.

Dann sprach er von seiner Freundin und erzählte mir, was für eine wunderschöne Zeit sie miteinander hätten. Aus seiner Beschreibung von ihr konnte ich schließen, daß sie niemals durch ihr Gesicht Qual und Trauma zu verkörpern haben würde.

Gerade als ich sagen wollte, daß ich allein nach Hause fahren möchte, winkte er zwei Taxis herbei.

Dann begann ich auf den Hirn-Erschaffer zu warten. Manchmal wünsche ich mir, daß er etwas glücklicher wäre. Dabei weiß ich, daß es unfair ist, sich im Winter vorzumachen, es sei Frühling, und es dem Baum vorzuwerfen, daß er keine Knospen trägt. Also ist alles wirklich eine Frage der Jahreszeit oder der eigenen Vorstellung davon, in welcher Jahreszeit man sich befindet.

Endlich rief er mich um zwei Uhr morgens von einer Telefonzelle aus an, daß er nicht komme. Ich sagte ihm, mir wäre wohler gewesen, wenn er ungestört von zu Hause oder vom Labor aus angerufen hätte, da er doch gesagt habe, daß er arbeite. «So ist es, als würdest du vor etwas oder jemand, der von mir nichts wissen soll, auf die Straße davonrennen. Es ist komisch, mitten in der Nacht von einer Telefonzelle aus angerufen zu werden», sagte ich neurotisch, als ich an all seine anderen Anrufe aus einer Telefonzelle dachte. Das machte ihn so wütend, daß er aufhängte, zwei Stunden später dann nochmals anrief, um zu sagen, es sei Schluß. «Du bist zu schwierig», hörte ich seine Stimme sagen, untermalt von Musik und lachenden Menschen.

Es war bereits Freitag morgen, und ich wußte, es lag wieder einmal ein endloses, ödes Wochenende vor mir. Ich schaute in den Spiegel und sah diese Frau mittleren Alters, die stetig in mein Gesicht einzudringen versucht. Es war wirklich mehr von ihr da als sonst. Meine Vorstellung von mir selbst entspricht nicht dem, was ich in Spiegeln sehe.

Langsam rezitierte ich dem Gesicht, das Qual so gut darzustellen vermag, eines seiner Gedichte.

Vielleicht habe ich ihn nie geliebt. Vielleicht habe ich ihn nur erschaffen, weil ich das brauchte. Vielleicht war er mein «Monster». Im Morgengrauen ging ich zu Bett und wurde von einem aufgeregten dreizehnjährigen Mädchen geweckt: «Warum nennt Papi mich immer ‹kleine Linn›?»

«Nun, weil wir Eltern dich nicht nur als das dreizehnjährige Mädchen sehen», sagte ich ihr. «Wir sehen auch all das, was du früher warst. Andere Menschen sehen dich, wie du heute bist, doch für uns bist du auch die, an die wir uns erinnern, und in ein paar Jahren gehören auch unsere Erinnerungen an dieses Jahr deines Lebens dazu. Und die Erinnerungen werden mehr und mehr der gleichen, die du schließlich bist. Auch wenn du nie endgültiger als heute sein wirst. Das Leben wird nur

Erfahrungen hinzufügen und deinen Körper und dein Gesicht verändern.»

«Mußt du immer so ausführliche Antworten geben?» sagte sie, als sie in meinem Bett einschlief.

Und ich dachte an meinen Wissenschaftler und sein großes Computergehirn. Und ich dachte mit Schaudern an all die Mäuse in ihren Käfigen, wie sie dort herumrennen und schreien; und vielleicht auch ihr Vergnügen äußern. Wie soll ich wissen, wie man sich als eine Maus fühlt, in deren Körper durch Versuche ein menschliches Gehirn hervorgebracht wird? Ich vermisse ihn schon weniger, wenn ich an seine Apparate und Nagetiere denke.

Und Schluß mit diesen Abendessen, bei denen es um das Trauma in meinem Gesicht geht!

Als Kind wünschte ich mir nichts sehnlicher, als über das dunkle Wasser laufen zu können, von Wellen umspült. Und ich wollte durchs Wasser schwimmend die Tiefe ergründen, bis der Meeresgrund mir so vertraut sein würde wie die Oberfläche mit ihren Wogen und Strömungen, den kleinen Luftblasen und dem weißen Schaum.

Oft fragte ich mich, ob ich nicht selbst früher ein Meerestier war. Warum sonst verlangte ich so nach der Fülle des Wassers?

Frauen vom Meer – im Widerspruch lebend zwischen Traum und Wirklichkeit.

Unsere Suche nach Liebe austragend.

Frauen vom Meer – Gefühle mehr als Gedanken darstellend.

Frauen vom Meer – die mit Fakten nicht klar umzugehen wissen. Und daher behindert, wo uns Wille und Handeln weitergebracht hätten.

Unsere Vision ist der Ozean – beängstigend, und doch voller Kraft und auch, für manche von uns, faszinierend.

Frauen vom Meer: Wofür sollen wir uns entscheiden? Die Wirklichkeit oder die Hoffnung?

Auf der Suche nach Wahrheit und Verstehen, finden wir im Leben, daß es nur wenig Raum für Träume gibt.

Ich wußte wohl, daß es Flüchtlinge und
Hungernde gab.
Doch sie waren Zahlen, Statistik.
Niemals hatte ich das überwältigende Gefühl,
daß sie meine Mutter und meine Schwester waren.
Daß das meine Großmutter war, mein Kind,
und alle, die ich liebe.

Gegen Ende der Laufzeit unseres Musicals schließe ich mich anderen Broadwaykünstlern bei einer Aktion an, Geld für kambodschanische Flüchtlinge zu sammeln. Wir bringen zweihunderttausend Dollar zusammen und beschließen, sie dem International Rescue Committee zur Verfügung zu stellen. Als ich dem Vorsitzenden Leo Cherne den Scheck überreiche, sage ich höflich: «Wenn ich jemals etwas tun kann, dann lassen Sie es mich wissen.»

Er zeigt mir Kinderzeichnungen von abgetrennten Köpfen und Leuten, die erdolcht wurden. Für die kleinen Jungen und Mädchen in Kambodscha gehört der Horror der Roten Khmer schon so zum Alltag wie für meine Tochter der tägliche Gang zur Schule.

Als *Mama* abgesetzt wird, fliege ich zur kambodschanischen Grenze und besuche Flüchtlingslager in Hong Kong und Macao.

Ich sehe Kinder den schlimmsten Schrecknissen preisgegeben – Hunger, Ausgesetztsein und Krankheit. Viele haben ihre Familien verloren und sind allein.

Ich mache diese Reise, weil ich mich fragte, ob ich nicht meinen Prominentenstatus nutzen könnte, um Fragen aufzuwerfen und vielleicht auch einige Antworten zu finden.

Ich habe auf der Straße nach Kambodscha zwei Männer an meiner Seite. Der eine, der meine Hand nimmt, ist Eli Wiesel, ein Überlebender der Gaskammern von Auschwitz. Der andere, dessen verkrüppelte Füße durch den Staub stampfen, ist Alexander Ginsberg, ein Überlebender des Archipel Gulag.

Unsere Reise wurde als Marsch fürs Überleben angekündigt. Wir klagen um die Opfer von Pol Pots Terror in Kambodscha. Wir protestieren gegen die Invasion in Vietnam, die folgte. Wir möchten, daß die Menschen, die jenseits der Grenzen gefangengehalten werden, wissen, daß wir ihre traurige Lage kennen. Die Welt ist nicht stumm.

Vor mir und hinter mir gehen in einer langen, schmalen Kolonne, immer zwei oder drei nebeneinander, Hunderte Männer und Frauen. Wenn ich mich umdrehe, kann ich den preisgegebenen Frieden der Thai-

Wälder sehen. Die Abendstille wird von einem Vogel unterbrochen, der erschrocken von seinem Nest auffliegt, als der Zug vorbeimarschiert.

Während ich weitergehe auf der glühenden, staubigen Straße, höre ich nur das Schlurfen von aberhundert Füßen. Wie viele Reisen wurden schon unternommen, wie viele Männer und Frauen haben schon gegen Verfolgung, Krieg und Unterdrückung protestiert. Männer und Frauen, die ihren Schmerz und ihre Verzweiflung zum Ausdruck bringen wollten.

Manchmal horcht die Welt auf und manchmal versteht sie. Oft aber nimmt sie eine Demonstration wie diese nur mit Gleichgültigkeit hin.

Dennoch werden die Märsche fortgesetzt, und sie verändern auf diese oder jene Weise das Leben des Reisenden.

Ich gehe auf einer staubigen Straße in dem aussichtslosen Versuch, nach Kambodscha zu gelangen.

«Wir gehören zu den letzten Reisenden», sagt einer meiner Gefährten, «auf einer Welt, der nur noch wenig Zeit bleibt, auf der kein Platz mehr ist für Träume. Wo wir schon auf den letzten Akt der Zerstörung zugehen, der uns alle von einer Erde erlösen wird, auf der wir nicht länger gebraucht werden.»

An unserem Marsch beteiligen sich führende Ärzte Frankreichs, Gewerkschaftsführer, Geschäftsleute, Geistliche, Bankiers, Juristen, Schriftsteller, Intellektuelle und zwei Künstler: Joan Baez und ich.

Trotz meiner Angst, mit fremden Menschen ein Zimmer teilen zu müssen, übernachte ich auf einmal mit zwanzig anderen in einem winzigen Haus an der Grenze von Kambodscha. Da nicht genügend Matratzen für uns alle vorhanden sind, müssen wir schichtweise schlafen. Am Morgen werden wir von Bomben geweckt. Ich frage mich, was ich eigentlich hier mache.

Das Volk von Kambodscha hat ein grausames Jahrzehnt hinter sich, zuerst sieben Jahre Krieg, dann drei Jahre unter dem grausamen Regime der Roten Khmer.

Die Folgen dieser zehn Jahre waren für das Land verheerend. Fast alle Facharbeiter und Intellektuellen wurden umgebracht. Die Landwirtschaft war vernichtet, das Transportwesen zerstört. Städte wurden zwangsevakuiert und Familien auseinandergerissen. Als Hilfsorganisationen Kambodscha zum erstenmal besuchten, waren neunzig Prozent der Kinder unterernährt. Tausende von Einwohnern flohen in die Lager entlang der thailändischen Grenze. Wer die Flucht überlebte, war Krankheiten und Hungersnot ausgesetzt.

Mehr als drei Millionen waren bereits gestorben.

Dann überfiel Vietnam Kambodscha. Das geschah während der Erntezeit, und Pol Pots Truppen brannten schonungslos die Reisfelder und Erntevorräte nieder.

Wir wollen mit zwanzig Lastwagenladungen Lebensmittel und Medikamente ins Land, und mit fünfzig Ärzten, die dort bleiben und helfen wollen. Das gegenwärtige Regime droht uns mit Kampfhandlungen, falls wir die Grenze überschreiten. Zum Rückzug gezwungen, bringen wir unsere Vorräte in die Flüchtlingslager von Thailand.

Diese Reise verändert mein Leben. Ich bin angefüllt mit Bildern, die bisher nicht zu meiner Welt gehörten.

Ich sehe Kinder, die durch Unterernährung und Krankheit dem Tode nahe sind. Ich sehe Menschen, die zu schwach sind, um die letzten fünfzig Meter zu den Essensausgabestellen zu gehen; kranke Leute, die auf dem Erdboden liegen, in einer Stille, die nur vom Husten der Tuberkulosekranken unterbrochen ist.

Ich lerne Ärzte und Schwestern kennen, die ihre festen Anstellungen aufgegeben haben, um hier zu arbeiten, viele von ihnen ohne Bezahlung. Ich erlebe Priester und Nonnen, die nicht nur Liebe predigen, sondern tätige Liebe leben.

Ich lerne einen zwanzigjährigen jungen Mann kennen, der eines Tages bei seinem ziellosen Herumziehen in der Welt auf das Bild eines winzigen Babys stieß, das nur Haut und Knochen war, und der beschloß, nach Bangkok zu gehen, um zu sehen, ob er dort helfen könne. Jetzt ist er nicht mehr drogenabhängig. Er macht mich mit einer Freundin bekannt. Sie ist vierzehn und ist mit ihren Eltern, beides Ärzte, hierhergekommen. Zuerst sagte man ihr, sie sei zu jung, um irgend etwas zu tun. Heute bringt sie die alten Leute, die zu schwach zum Gehen sind, zur Toilette, wäscht sie dort, ehe sie sie zu ihren Betten zurückträgt.

Eine alte Frau wiegt sich auf ihrem Bett vor und zurück. All ihre Habseligkeiten und dazu noch zwei weitere Menschen mit ihrer Habe liegen auf dem gleichen Bett eng aneinandergepreßt. Und das ist ihr Leben: die kleine alte Frau, die, sich wiegend, in einem fremden Land, dessen Sprache sie nicht kennt, auf einem Bett sitzt und nur noch von dem Tag träumen kann, an dem alles anders sein wird.

Von Thailand gehe ich auf die Insel Macao. Flüchtlinge aus Vietnam kommen in überladenen Booten an, jene *boat people,* die auf ihrer Fahrt in die Freiheit nicht Opfer von Piraten geworden sind. Piraterie blüht immer noch im Südchinesischen Meer, und wer nicht auf der Flucht getötet wurde, kommt oft von den Plünderern vergewaltigt oder zusammengeschlagen an. Es sind zu Tode verängstigte, sprachlose Überlebende, die Zeugen waren, als man ihre Familien abschlachtete. Viele der Flüchtlinge auf Macao weigern sich, am Strand spazierenzugehen, sich dem Wasser zu nähern. Manche sträuben sich sogar, auch nur einen Blick auf den Ozean zu werfen, Flüchtlinge, die früher einmal Fischer waren!

Mitten im Flüchtlingslager ist eine Unterkunft für Leprakranke, die von Nonnen in langen, grauen Gewändern, die in der Hitze rascheln, gepflegt werden.

Ich bleibe drinnen vor einer uralten Frau stehen, die mit angezogenen Knien auf ihrer Matratze liegt.

Ihr schwaches, unglückliches Stöhnen ist der einzige Laut im Raum. Lange Zeit stehe ich nur da, starre sie an, die Arme herabhängend, hilflos. Eine vorbeigehende Nonne gibt mir einen Klaps auf die Schulter und weist mit dem Kopf zu der Frau ohne Finger und ohne Zehen hin, deren eine Gesichtshälfte weggefressen ist. Langsam beuge ich mich nieder.

Lange Arme umhüllen meine Frau, meine Großmutter, die süße Erinnerung.

Sacht streichle ich sie. Vorsichtig wiege ich sie.

Graues Haar in einem langen Zopf. Schmale Schultern. Oh, Großmutter, ich erinnere mich, wie es war, wenn du mich in deine Arme nahmst, wie deine Haut roch.

Sowie ich sie berühre, gibt die alte Frau aus Vietnam einen kleinen Seufzer der Erleichterung von sich. Wie ein weinendes Baby es tut, wenn man es hochnimmt und hält. Du liebe alte Frau von so weither, wie groß ist meine Zärtlichkeit für diesen mageren kleinen Körper, der sich eng an meinen preßt.

Nach einer langen friedvollen Weile lege ich sie sanft zurück auf ihr Bett. Sie schaut mich ängstlich an und beginnt wieder zu schluchzen. Es ist wie das Wimmern eines kleinen, verwundeten Tieres.

Eine Nonne beugt sich nieder, umarmt sie liebevoll, während sie mir sagt, daß immer jemand da ist, der Zeit hat, sie zu trösten und zu halten.

Das Bild einer verängstigten kleinen Frau, die verzweifelt zu fliehen sucht.

Am Montag morgen warte ich auf dem Flughafen von Hong Kong auf meinen Rückflug nach Hause und schreibe in mein Tagebuch: «Ich danke Dir, Gott, für diese Reise. Ich verspreche, dieses Geschenk zurückzugeben.»

Und Montag nachts im Flugzeug: «Ich habe mich gerade bei der Stewardeß beschwert, daß der Kaffee nach Chlor schmeckt.»

GESTORBEN: Otto Frank, 91, Vater von Anne Frank und einziger Überlebender der Familie, die sich während des Zweiten Weltkriegs zwei Jahre lang vor den Nazis in einer Dachkammer in Holland versteckt hielt, was in dem weltberühmt gewordenen Tagebuch seiner Tochter so erschütternd festgehalten ist.
Nur Otto Frank hat die KZ-Gefangenschaft überlebt.

Ich habe eine lange Reise gemacht. Und ich bin aufgerüttelt zurückgekehrt.

Eine Reise der Entdeckungen.

Ich bin dahin gereist, wo die Flüchtlinge leben, und ich bin noch immer unterwegs – reise durch eine Welt, in der es mehr als achtzehn Millionen Flüchtlinge gibt.

Wenn ich sie nicht als Einzelmenschen erkenne, wie kann ich dann ihre unglaubliche Zahl erfassen?

Ein zerbrechlicher und zitternder alter Mann, der sich ängstlich unter seiner Decke versteckt, als wir sein Zimmer betreten: «Wird mir jetzt etwas angetan?»

Ich gehe zur Tür hinaus, und es ist, als erblickte ich die Welt zum erstenmal.

Das ist Phorls Geschichte. Er ist dreizehn Jahre alt: «Ich möchte gern zurückgehen und die Tempel saubermachen. Ich vermisse sie sehr, ebenso wie ich die Berge in der Nähe unseres Dorfes vermisse. Natürlich vermisse ich auch meine Eltern, aber ich weiß nicht, ob ich sie noch finde, wenn ich zurückgehe. Die Tempel und die Berge werden sicher noch dort sein. Aber Vater und Mutter? Da bin ich nicht so sicher.»

Eine namenlose Geschichte, da der Brief niemals zu Ende geschrieben wurde:

«... eine qualvolle Behandlung von den Pol-Pot-Soldaten ... zwangen meine Brüder und Schwestern und Eltern, in ihren Konzentrationslagern zu arbeiten ... ein großes Massaker ... gewaltige Schikanen ... meine Seele ist hilflos allein ... Als Pol Pot geschlagen war, ging ich zurück, nach meiner Familie zu suchen ... nur ein paar Worte, daß alle meine Familienmitglieder umgebracht wurden ... acht Kinder, Mutter, Vater ... O mein Gott ... meine Tränen fließen nur noch ... Und ich bin allein ...»

Zum Fremden gemacht werden. Auf einem Boden leben zu müssen, in dem man keine Wurzeln schlagen kann.

Ein Verlust, durch nichts zu ersetzen.

Ein kleines Mädchen von ungefähr sechs Jahren in einem riesigen Lager.

Es trägt meinen Hut und meine Tasche, hält meine Hand fest, ist stolz, daß es als einzige aus der großen Kinderschar diese Sonderstellung bei einem erwachsenen Besucher genießen darf.

Doch plötzlich gibt die Kleine einem anderen Kind meinen Hut und meine Tasche und meine Hand, wendet sich einem kleinen weinenden Jungen zu, hebt ihn auf und tröstet ihn.

Ihr Lächeln und ihre Besorgnis für einen anderen, selbst in einem Augenblick, als sie etwas Besonderes war, das Verantwortungsgefühl, stärker als ihr Privileg . . .

Könnte jemand in mein Herz sehen, er fände dort die süße Erinnerung an Kinder, die keine Fremden mehr sind.

Ein kleiner Junge flüstert: «Manchmal weine ich, aber nur, wenn es regnet – damit's die anderen Kinder nicht sehen.»

Die Frage heißt nicht: «Sind wir schuld an ihrem Elend?» Obgleich der schweigende Zuschauer oft ebenso schuldig ist wie der Übeltäter.

Doch Schuld ist ein Gefängnis für Gefühle und verhindert, daß wir uns ändern und für eine Sache einsetzen.

Die Frage heißt: Was können wir für sie tun, die wir Zeugen ihres Elends geworden sind?

Tagelang drängt sich eine Familie eng um das Krankenhausbett, weil Vater krank ist und sie alle bei ihm sein und seine Schmerzen teilen möchten.

Leo Tolstoi schrieb: «Ich sitze auf dem Rücken eines Mannes, würge ihn und lasse ihn mich tragen, und doch versichere ich mir und anderen, daß er mir leid tut und daß ich alles daran setzen würde, seine Last zu erleichtern, außer von seinem Rücken herunterzusteigen.

Mir kam der Gedanke, daß Kolumbus gar nicht Amerika entdeckt hat, weil nämlich Amerika *ihn* entdeckte: Er wurde erst Kolumbus, als der Kontinent ihm begegnete. Und er dem Kontinent.

Ein Mädchen im Flüchtlingslager entdeckte mich. Und ich entdeckte sie. Sie zeigte mir, wie ihr Leben aussah.

Jetzt will ich mehr wissen. Ich möchte herausfinden, was das Leben für uns alle ist, und was wir daraus machen und ob es eine Freude ist, das Leben zu haben; und wozu wir da sind, wozu Freunde da sind und warum es einsame Menschen gibt.

Ich möchte entdecken, wie es ist, wenn man zu leben beginnt.

Ich möchte entdecken, wie es ist, wenn das Leben auf sein unausweichliches Ende zugeht.

Ich möchte entdecken, weil wir selber auch entdeckt werden wollen.

Otto Frank hat das Tagebuch seiner Tochter hinterlassen. Nur wenige Tage, bevor sie ins Konzentrationslager, die letzte Station ihres jungen Lebens, gebracht wurde, schrieb sie, daß sie «trotz allem . . . noch stets an das Gute im Menschen glaube».

Ein Feld voller wilder Blumen, ein Himmel voller
Sterne.
Der Duft der Blumen umfängt mich, der zarteste
aller Düfte läßt mich lächeln, als ich nach oben
schaue.
Leise spreche ich einen Wunsch aus:
«Oh, laß mich wieder lieben. Und laß mich
geliebt werden.»
Wenn eine Sternschnuppe vom Himmel fällt, darf
man sich etwas wünschen. Ich habe zwei Wünsche
getan.

Die Menschen in meiner Heimat Norwegen leben eng mit der Natur verbunden. Mit dem Meer und den Bergen, dem Wechsel der Jahreszeiten, dem Licht der Mitternachtssonne und der Dunkelheit der Winterabende. Und so, wie mich die Elemente geformt haben, sind auch die Elemente von mir bestimmt.

Ich stecke voller Märchen von Trollen und Elfen und Gnomen und voller Legenden. Die Phantasiewelt meiner Kindheit dringt immer wieder sehnsüchtig in meine Realität ein.

Als ich ein Kind war, war ein Baum für mich jener wunderbare blaue Klecks mit dem roten und gelben Zeug drum herum, das ich malen konnte. Und erst als mir die Erwachsenen immer wieder sagten, daß ein wirklicher Baum nicht so aussähe wie meine Bäume, prüfte ich meine Kleckse und malte nie mehr so.

Die Phantasie, wie sehr ich sie brauche! Wie ich meine blechernen Malschachteln mit ihrem Farbengemisch und dem Geruch nach Farbe vermisse, und die Erregung, einen dicken roten Strich auf ein großes leeres Stück Papier zu machen.

Und wie vermisse ich in den Tagen der Realität, die ich nun lebe, die wohlige Wärme meiner Kindheit, da alles möglich war.

Ich werde ihn Abel nennen.

Er trat zu einer Zeit in mein Leben, als ich bereit war, ein Tal auf einem Regenbogen zu überqueren, meine Wunschvorstellung von Liebe zu leben, an meine Träume zu glauben und mit den Vögeln durch die Lüfte zu schwirren, alle Grenzen aufzuheben.

Es ist Frühlingsanfang, und die ersten Blumen stecken ihre Köpfe aus ihrem Winterbett hervor, recken ihre dünnen Stengel der Sonne entgegen, die noch nicht wärmt. Vom Dach fallen kleine Tropfen, der Regen von gestern. Ein Hauch von Rosa liegt über den Baumstämmen, die schimmernden Knospen der Birkenblätter mit ihren blaßgrünen Spitzen. Was für ein schöner Tag! Menschen gehen paarweise durch die Straßen, in den

Häusern werden Feuer angefacht, ich kann den Rauch riechen.

Von meinem Platz aus sehe ich das Meer und ein paar verstreute kleine Inseln. Das Licht dieses Aprilmorgens erinnert mich an den hellen Frühling in Norwegen, wenn alles wiedergeboren wird. Ich bin weit fort von zu Hause. Wir machen einen Film in der Umgebung von London.

Gerade als ich vor die Kamera gerufen werde, tritt er auf mich zu.

Ich hatte ihn und sein Team erst am nächsten Tag erwartet, um dann für das tschechoslowakische Fernsehen ein einstündiges Interview zu geben.

Er ist groß und sieht gut aus. Er lächelt nicht, nennt nur seinen Namen, als ich ihn begrüße: «Sie sind einen Tag zu früh gekommen.»

Nach einer Weile, in der wir uns schweigend ansehen, sagt er, daß er kein Interview machen könne, ohne mich ein bißchen besser zu kennen, so arbeite er immer. Er fragt mich, ob ich abends Zeit für einen Drink mit ihm hätte. Nur eine Stunde.

Statt nein zu sagen, sage ich ja.

Mein Maskenbildner, der unser Gespräch hört, lächelt. Ich scherze nachher mit ihm und sage lachend: «Vielleicht ist er der Mann meines Lebens!»

Er wartet schon auf mich, als ich die Bar betrete, obgleich ich zehn Minuten zu früh bin. Der weiße Anzug, den er schon am Morgen trug, ist zerknittert. Ich frage mich, ob es der einzige Anzug ist, den er bei sich hat. Ich entdecke Zärtlichkeit in seinem Gesicht und möchte es ihm sagen. Aber ich sage es nicht. Noch nicht.

Ich stelle fest, daß Entscheidungen nicht seine Stärke sind, da er über den verschiedenen Möglichkeiten von Drinks sinniert, als hinge sein Leben davon ab. Schließlich bestellt er Whisky, und er trinkt, wie sich später herausstellt, nie etwas anderes. Als er von seiner Reise aus der Tschechoslowakei nach London erzählt, habe ich das Gefühl, er sei der einzige Mensch, der je gereist ist. Ich entdecke eine Neigung zum Pessimismus bei ihm. Das gefällt mir nicht an ihm, doch damals, an diesem ersten Tag, spielt das natürlich keine Rolle.

Er hat schöne Hände – breit, mit langen, kräftigen Fingern.

Als er mich fragt, ob ich allein lebe, sage ich ihm, daß ich gerade das Ende einer langen und schwierigen Beziehung erreicht habe. Er lacht, als ich ihm sage, daß ich die Illusion des Beschütztwerdens brauche.

«Sie sind eine so starke Frau», verkündet er. Ich sage ihm, ich wünschte, jemand würde meine Unsicherheit erkennen. Sage, daß ich voller Träume bin. Das hört er nicht.

Gerade als ich gehen will, sagt er mir, er sei fasziniert von meinem Gesicht. Er würde es gern berühren. Und er tut es. Er sagt mir, daß er dieses Interview zu einer Zeit geplant hat, als es ihn schon längst nicht mehr interessierte zu hören, was andere Menschen dachten. Er sei müde, gleichgültig und angewidert. Er sagt mir, er habe den Glauben an das Schöne und den Sinn der Worte verloren; er sei jeden Tag vor einem neuen Gesicht gesessen und habe zum Schluß nicht gewußt, was das Gesicht sage. Es sei ihm egal gewesen. Nicht einmal seine eigene Stimme habe er mehr hören können. Er habe weiterhin Worte ausgesprochen, die für ihn längst tot waren, während ihm zum Weinen oder zum Lachen zumute war, wenn er haßte oder liebte. Ein berühmter Sklave des Fernsehens sei aus ihm geworden.

Er sitzt da und starrt auf sein Glas in einer dämmrigen Bar weit weg von seinem eigenen Land, zusammen mit einer Frau, die eine Fremde ist. Ich glaube, er hofft, daß es diese Frau sein wird, die ihn aus seiner Einsamkeit befreit.

Er trägt noch immer den weißen Anzug, als wir am nächsten Tag das Interview machen. Er nimmt seine Uhr ab und legt sie zwischen uns auf das Sofa, auf dem wir sitzen. Er will etwas über Ingmar Bergman wissen.

Ich will, daß er etwas über mich weiß.

Während ich eine alte Liebesgeschichte erzähle, denke ich an die Möglichkeit zu einer neuen.

Während des Interviews sage ich die Worte, die ich schon hundertmal zuvor gesagt habe. Die meisten Reporter stellen die gleichen Fragen.

Ich weiß, daß er meint, *er* bringe mich dazu, sie zu sagen. Und ich beobachte ihn und frage mich, ob wir ein Liebespaar werden. Oder ob er nur mit meiner Stimme auf den Tonbändern und meinem Gesicht auf seinem Film weggehen wird.

Er ist sehr selbstsicher, obgleich ich später erkennen werde, daß das nur Pose ist, hinter der er seine große Scheu verbirgt. Er macht den Eindruck, als sei er nicht interessiert an dem, was ich zu sagen habe, da er, während ich spreche, meist zur Decke hochschaut. Am Abend zuvor hat er mich sehr oft angesehen, vertraulich gelächelt, als kenne er eines meiner Geheimnisse. Erst später sehe ich, daß sich, wenn er betrunken ist, seine Isolation so äußert.

Während des Interviews erzähle ich ihm, wie Ingmar mich ermutigte und inspirierte. Wie wir uns gegenseitig inspiriert hätten. Daß ich nie zuvor so kreativ gewesen sei. Ich habe sogar, weil er es vorschlug, ein Drehbuch geschrieben, das er aber, als er es las, zu persönlich gefunden habe. Ich hätte keine Ahnung von Dialogen. Danach beobachtete Ingmar mich beim Schreiben, als sei dies Anlaß höchster Irritation für ihn. Selbst als das Drehbuch in meinem Schreibtisch vergraben lag, ertappte ich ihn mit diesem Blick.

Einem Fremden aus der Tschechoslowakei beschreibe ich eine so lang zurückliegende Beziehung, in der ich zwischen sanften Wänden aus Sonne und Verlangen und Glück lebte. Ich lächle den Mann namens Abel an und sage: «Mich kann nichts mehr verletzen.»

Abel und ich fahren in ein kleines Dorf in der Nähe von Brest an der französischen Küste. Der Sommer geht gerade in den Herbst über.

Wir verbringen eine Woche in einem alten Ferienhaus, das der Eigentümer, der es ein paar Monate im Jahr an Touristen vermietet, vor vielen Jahren blau gestrichen hat. Es ist, als wären wir schon immer Teil dieses kleinen Hauses gewesen, hätten schon immer den Rhythmus des Ozeans gespürt, den wir von unserem Fenster aus beobachten können.

Ich bin früher einmal in Brest gewesen – im Frühling. Die Jahreszeiten hier sind anders als die in Norwegen. Zu

Hause sehe ich, wie sich die grünen Knospen zu duftenden Blüten entfalten, die nur zwei Monate lang meine Seele erfreuen, ehe der Herbst Bäume und Boden mit einem Gefühl von Abschied tönt. Eine goldene Pracht, die noch den Winter verbirgt, der darauf wartet, wie ein wildes Tier über das Land herzufallen. Jahreszeiten, in denen ich nie verweilen kann. Jede ist so kurz. Mit Ausnahme des Winters.

Doch jetzt, mit Abel, bin ich in einem Land, wo jeder Wechsel sich langsam vollzieht, sich alles so leicht betrachten läßt.

Nur das Meer hier zeigt sich dramatisch. Ich erlebe die Gezeiten gemeinsam mit Abel, werde ein Teil von ihnen. Ihre Bewegungen, vorandrängend und sich dann wieder zurückziehend, sind die unseren, ein Kreislauf, den wir erfassen und verstehen können. Das steigende Wasser, dessen Fluten das Land überspülen, mit Fischen, Seetang und Plankton. Nahrung. Und dann der Anblick, wenn das Wasser zurückweicht: Die Dorfbewohner, jung und alt, strömen in Scharen zusammen. Eine Mischung aus Fröhlichkeit und Nüchternheit. Wir sehen, wie einige von ihnen nach Muscheln suchen, sie in ihre handgeflochtenen Körbe legen, um sie später auf dem Markt zu verkaufen. Die Kinder fangen kleine Fische, die in den Pfützen und Tümpeln zurückgeblieben sind. «Dort ist unser Frühstück», sagt Abel, hält meine Hand fest in der seinen, zieht mich mit, um dem zurückweichenden Wasser nachzulaufen.

Der Klang – war da nicht ein Klang, der gleich auf das Wasser folgte?

Staunend verfolgen wir, wie sich die Konturen der

Landschaft verändern. Die Schönheit eines frühen Morgens, wenn das Wasser über den Sand zurückfließt und sanft, ganz sanft neue Pfade am Strand hinterläßt. Das Schimmern kleiner Bachläufe, die sich nur kurze Zeit halten, doch solange sie da sind, in ständiger Bewegung bleiben.

Und dann dieses außergewöhnliche Licht – die Sonne, die im Wasser spielt, die Sandkörner, die sich ihr eigenes stechendes Licht schaffen. Ein alter Töpfer fängt dieses Licht in seinen einfachen Vasen in sehr gedämpften Grautönen ein, da das starke Licht hier die Farben nahezu wegspült.

Flinke Möwen versuchen winzige Sandmuscheln zu schnappen, wenn diese auftauchen, um etwas Wasser einzusaugen, ehe es wieder verschwindet, und sich dann mit etwas Glück eilig wieder in die Sicherheit der Tiefe einzugraben.

Die Ebbe bietet uns alle Arten von köstlichen Schalentieren. Ein Austernessen am Morgen. Abel hat in einer Tasche ein Messer und in der anderen Zitronen. Ich trage den Weißwein. Wir sitzen in den Dünen, essen, während wir einem Fischer zuschauen, der sein Boot in den prächtigsten Farben anmalt. Wir lauschen dem Rauschen des Wellenschlags, bis wir das Pfeifen hören, das den Wechsel der Gezeiten begleitet.

Die Fischerboote, die eben noch auf trockenem Sand ruhten, schwimmen wieder, gehoben von der Kraft der auflaufenden Flut. Unser grau-weißer Strand ist verschwunden, und das Rauschen ist jetzt gewaltig und überall. Die Fischer laufen zu ihren Booten und setzen eilig die Segel; um sicher an ihren Ankerplatz zurückzukehren, müssen sie vor dem Gezeitenwechsel wieder zurück sein.

Der Seetang, vor kurzem noch so blaß und leblos, hat durch die Flut wieder neue Farbe bekommen, während sich kleine Fischchen und Muscheln an seine Blätter klammern wie Juwelen.

Jeden Tag sehen wir dieses Wunder: wie unser Strand nackt daliegt, für alle zugänglich. Und dann die weite Fläche der Wellen, die alles ertränkt, was wir gesehen und berührt haben.

Wir sind beide ergriffen von den ungeheuren Kräften der Natur. Eines Tages sehe ich eine Seerose blühen, gerade als das Wasser zurückflutet. Wie Frühling ist das. Dennoch, an dem Tag, da wir den Ort verlassen, weiß ich nicht, ob es nicht die Gezeiten waren, die mich am meisten bewegten, nicht er.

Zu ihrem dreizehnten Geburtstag schenkt Linns Taufpate Arthur ihr eine Afrikasafari für zwei Personen. Seine einzige Bedingung ist, daß ich der andere Mitreisende bin.

Ich zögere: Ich bin mit Aktivitäten für die kambodschanischen Flüchtlinge beschäftigt; ich war auch weg, um einen Film zu machen, und ich möchte eine Zeitlang zu Hause bleiben. Außerdem hat Abel sein Land verlassen und ist zu uns nach Norwegen gezogen. «Ich habe alle Brücken hinter mir abgebrochen», sagte er zu mir.

Aber es ist ein so besonderes Geschenk, etwas, woran Linn und ich immer zurückdenken werden, und so fahren wir los. Ich schreibe an Arthur:

«Ich weiß nicht, wie ich Dir für das, was Du Linn und mir geschenkt hast, danken soll. Daß Du uns Gelegenheit gibst, Geheimnisse und Vertraulichkeiten miteinander auszutauschen, wozu wir, wie es scheint, zu Hause nie kommen. Lange, schöne Abende nach all dem Wunderbaren, das wir während des Tages erlebten. Müde, aber sehr glücklich liegen wir nachts in unseren Betten, tuscheln miteinander wie kleine Kinder.»

Es stimmt, daß wir uns nachts Geschichten erzählen. Doch was ist mit Harmonie und geteiltem Vergnügen, wenn die eine dreizehn und die andere vierzig ist? Nichts. Nur in meinen Träumen.

Ich möchte ihr Liebe geben, möchte, daß sie sich geborgen fühlt. Kenne ich doch ihre wirklichen Bedürfnisse in Augenblicken, wo ich ihr nur meine eigenen Ängste zu zeigen vermag.

Ich möchte nicht, daß sie in ihrem späteren Leben nach Dingen sucht, die ich ihr zum richtigen Zeitpunkt nicht habe geben können. Ich möchte ihr das fruchtlose Suchen nach dem ersparen, was sich nur jetzt finden läßt.

Linn und ich auf Safari in Afrika: eine Mutter mit vierzig und eine Tochter mit dreizehn. Beiden stehen Veränderungen in ihrem Leben bevor. Wir streiten uns, und wir schließen Frieden, und dann streiten wir uns wieder. Aus ihrer Sicht gibt es wenige Dinge, die ich zu diesem Zeitpunkt richtig mache.

Was wir sagen und was wir uns manchmal unter den Palmen an den Kopf werfen, hat nicht so viel zu bedeuten. Die Worte sind nicht das, was wir wirklich fühlen.

Linn möchte nicht, daß ich glaube, sie sei glücklich. Sie haßt diese ganze Reise, das ist ihre Botschaft.

Wir sind in einer Welt gelandet, die uns beiden fremd ist. Für kurze Augenblicke gestattet Linn mir den flüchtigen Eindruck von Begeisterung. Dann erinnert sie sich, daß sie sich nicht wohl fühlen darf, und schon zeigt sie wieder ihren Groll.

Unser Frühstückstisch steht unter einem alten, würdigen Baum, und kleine Partikel seiner weißen Blüten flattern in unseren Orangensaft. Vögel umschwirren uns, lassen sich auf unserem Schoß, auf unseren Schultern nieder und picken uns aus der Hand, ihr Gefieder bunt wie ein Regenbogen. Einer der Vögel flirtet mir ihr, legt seinen Kopf zart gegen ihren warmen Nacken, singt eine kleine Melodie, als spräche er zu sich selbst. Es ist die Stimme der Seligkeit.

Und da lacht sie, vergißt vollkommen ihre Zahnspangen. Ein Laut von Glück und Staunen erfüllt die Morgenluft.

Dann sagt sie mir, sie langweile sich, und fragt, ob es hier kein Kamel gäbe, auf dem sie reiten könne. Sie weiß, daß wir Plätze in einem Jeep gebucht haben; als ich sie daran erinnere, erklärt sie mir, sie habe nicht die weite Reise bis nach Afrika gemacht, um in einem stinkigen Wagen zu sitzen. Sie sagt, ich sei alt, alt. Ich sage, sie benehme sich wie ein Baby. Sie läuft weg. Geflatter, Geflatter, und unsere geselligen Vögel fliegen in alle Richtungen davon.

Ich rühre mich nicht, sitze niedergeschlagen da, beobachte ihren aufrechten kleinen Körper. An der Ecke des letzten Zeltes verschwindet er. Geflatter, Geflatter in meinem Herzen.

Kind, sieh mich nicht mit solchen Augen an. Ich lese darin, daß du verärgert bist. Daß ich, auch wenn wir gerade noch vor kurzem miteinander lachten, etwas getan haben muß, das dir mißfällt.

Wenn du nur wüßtest, daß es genauso schwierig ist,

vierzig zu werden, wie in deinem Alter zu sein. Ich weiß ebensowenig über all die verschiedenen Emotionen, die mich überfallen, wie du verstehst, was in deinem Körper vorgeht. Wir müssen beide ein paar Monate oder auch ein paar Jahre warten, um zu wissen, wer wir dann sein werden. Nichts ist klar und nichts gewiß. Doch alles wird geschehen. Dein magerer kleiner Körper wird aufblühen, und deine wunderschönen schwarzen Wimpern werden rosige Wangen beschatten, wenn du vor deinen Geheimnissen errötest; und mein Körper wird nie wieder so anmutig, und meine Bewegungen werden nicht mehr so stark und mühelos sein wie zu der Zeit, als ich mir ihrer nicht bewußt war. Vielleicht werde ich dich sogar ansehen und dich beneiden, und mir wird elend vor Scham sein. Ich beobachte dich jetzt, wie du, unter dem Schimmer weißer Blüten, dich an einen Baum lehnst. Du weißt nichts von dem Abenteuer, das dir bevorsteht, wenn du eine Frau wirst. Heute leidest du nur, ohne zu wissen, daß du ja dabei bist, dich zu öffnen wie eine Rose.

Ich sitze hier in einem fremden Land – meine Arme über der Brust gekreuzt, mit all der unverbrauchten Jugend in mir. Ich bin wie du voller Zweifel, möchte wie du, daß jemand meine Unsicherheit versteht, auch wenn ich meine eigene Unreife nicht so tolerieren kann, wie ich es mit der deinen tue. Ich möchte genau wie du anerkannt werden.

Und inzwischen, während wir uns wandeln und auf Wandlungen warten, mußt du kämpfen und deinen Ärger zeigen, um dich von mir zu befreien – von mir, der es hart wird, daß nun die Zeit kommt, wo ich dich aufgeben und gehen lassen muß.

Wandlung muß unsere Entfaltung nicht hemmen, ebensowenig wie sie uns bedrohen sollte. Wir sind in ständiger Bewegung. Mein Kind und ich.

Als sie zurückkommt, sage ich ihr, ich würde sie in ein Internat schicken. «Ich schaffe es nicht mehr», sage ich. Das hat gewöhnlich große Wirkung – mehr als alles andere fürchtet sie den Zwang einer solchen Einrichtung. Sie beginnt zu weinen, und ich bin niedergeschmettert. Schrecklich, was ich da tue! Manchmal, wenn ich mich machtlos fühle, nütze ich es aus, daß ich weiß, womit ich ihr angst machen kann. Ich sage ihr, ich wußte nicht, wie sonst ich ihr beikommen soll. Ich bitte sie, mir zu verzeihen.

Orkane, die im Innern zweier Frauen toben. Und auch wenn es noch Morgen ist, unser erster Morgen in Afrika, schlafen wir doch wieder ein in unserem Zelt, halten uns fest umschlungen.

Am Nachmittag fahren wir in den Busch. Pflanzenwelt wie Myriaden von Lebewesen im ständigen Kampf ums Dasein, in engster Beziehung zu den Trocken- und Regenperioden. Die Geräusche verursacht unser Wagen, die Räder auf trockenem Sand und Steinen; Geräusche vom Wind, von einem reißenden Strom, an dem wir vorbeifahren. Über unseren Köpfen brennt die Sonne.

Wir fahren an einer jungen Löwenmutter mit ihren drei Jungen vorbei, die in dem gelben, versengten Gras herumpurzeln, ohne sich um die faszinierten Eindringlinge zu kümmern. Der Löwe ist nirgendwo zu sehen. Man sagt uns, daß er manchmal seine Jungen auffrißt und deshalb nur während der Paarungszeit willkommen ist.

«Wie mein Vater», sagt Linn.

Ich lasse es durchgehen.

Später steigt unser Fahrer aus, um die Hinterräder zu kontrollieren.

«Ist das nicht gefährlich?»

Er ruhig: «O ja. Wenn Löwen in der Nähe sind, greifen sie an.»

«Aber es *sind* Löwen in der Nähe.»

«O ja, dann könnten Sie zu einem hübschen Foto kommen.»

Wieder im Jeep, erzählt er uns von einem Ehepaar, das er vor einigen Monaten chauffierte. Die Frau fotografierte unbeirrt weiter, als ein Löwe plötzlich ihren Mann angriff.

Wir passieren einen einsamen, friedlichen Elefanten an einem fast ausgetrockneten Flußbett. Einfach schön, wie er mit ein paar Zweigen spielt, schwere Tanzschritte macht, den Rüssel hin und her schwingt in Harmonie mit der Stille ringsum.

Ein Stück weiter, wo der Fluß breiter wird, frißt ein Leopard gemächlich seine Beute. Ein kleines Tier liegt vor ihm, ein auf der Flucht gestoppter Körper. Wir können seine steifen Beinchen in den Himmel ragen sehen.

Wir kommen an Krokodilen und Flußpferden vorbei, die in dem schlammigen Wasser kaum auszumachen sind. Seltsame Köpfe, die sich vom Fluß her nähern, wie um den Duft des Wassers mit dem der Luft zu vergleichen. Der schlammige Grund gewinnt.

Jähe Bewegungen hinter Sträuchern, Bewegungen von Tieren, die wir nicht sehen können.

Und eine noch größere Stille.

Linn und ich sind erregt. Wir spüren die Freiheit des Buschlands, des Landes hier, das wir durchfahren, die Erregtheit tierischen Atems, von Tieren, die um ihr Leben laufen, spüren stachliges Gras, unwirtliche Leere und das eigenartige, beklemmende Wesen der Wildnis.

«Lieber Abel, wir haben den Mount Kenya bestiegen und unsere Namen in einem kleinen Behälter hoch oben auf dem Berg zurückgelassen. Ich bringe Dir einen Stein mit. Wenn ich ihn jetzt, während ich dies schreibe, ansehe, überwältigt mich die Sehnsucht.»

In der Nacktheit der afrikanischen Nacht ist die Natur reduziert auf ihre eigene Wirklichkeit aus Tieren, Wind und Vegetation – alle in Bewegung, alle atmend.

Diese Nächte sind nicht stiller als die uns vertrauten, aber ihre Geräusche sind von mehr physischer Präsenz. Selbst wenn wir nichts hören, lebt die Stille, erzählt uns, daß in der Dunkelheit etwas geschieht.

Vor unserem Zelt sitzt ein alter Mann, in eine grüne Decke gehüllt. Er bewacht uns. Wir im Zelt flüstern. Ich erzähle Linn, wie die Welt entstanden ist:

«Eines Tages kam ein Feuer vom Himmel, alle Wolken wurden rot. O Linn, du hättest dieses Feuer sehen sollen. Gott war darin. Er hatte es gemacht. Und als er alle, die schlecht waren im Himmel, in Angst versetzt hatte, löschte er die Flammen. Mit Regen. Es regnete und regnete, Millionen von Jahren. Und der ganze Regen fiel auf ein Stück Himmel, das während des Feuers heruntergebrochen war. Das war die Erde, jetzt, nach all dem Regen, fast ganz von Meeren bedeckt. Bis nach ein paar weiteren Millionen Jahren ein kleines Tier an Land kroch, und das war der Anfang von dir und mir.»

Lange Zeit blieb es still in unserem Zelt. Dann kam Linns Stimme aus dem Dunkel:

«Ich glaube, ich weiß noch, wie ich im Meer lebte. Es macht mich traurig.»

Draußen hören wir die Laute der afrikanischen Nacht. Ein Löwe schnaubt in der Nähe, ein Elefant brüllt auf, und überall zirpen die Grillen.

Ich schaue durch die Dunkelheit hindurch, die in unser Zelt eingebrochen ist, und finde Schatten und flackernde Bewegungen in der Finsternis. In meiner Seele lebt eine andere Frau, viel jünger als ich. Ein kleines Mädchen, ich selbst, lächelt vor sich hin, ehe es einschläft. Und es ist dunkel und es ist Nacht – und wir beide sind da.

Sanfte Morgenbrise und ein beseligendes Gefühl von Frieden; geweckt mit einer Tasse heißen Tees, von dem alten Mann in der Decke. Er lächelt, wie in Vorfreude auf einen neuen Tag.

Nicht weit von unserem Zelt entfernt grasen, hörbar mampfend, eine Elefantenherde, dann noch ein Zebrapaar und, einigermaßen unwirklich, eine Giraffe, die uns anstarrt.

«Lieber Onkel Arthur! Vielen Dank für Dein Geschenk. Der größte Spaß war unsere Ballon-Safari. Wie wir da im Korb durch die Luft schwebten mit all den Tieren unter uns. Und als wir landeten, flogen wir alle übereinander, jeder lachte. Meine Mutter hat mit einigen Erwachsenen zum Frühstück Champagner getrunken. Vielen Dank von Linn.»

Heute, während ich dies schreibe, lächle ich in Erinnerung an ein winziges Zelt in Afrika. Die schrillen Stimmen drinnen, wütend und lachend. Die Weite der sonnenbeschienenen Landschaft. Ein schlafendes kleines Mädchen, die Hand über der Zahnspange, die ihr so häßlich vorkam. Die Spange ist schon längst verschwunden.

Ich schaue aus meinem Fenster mit dem Blick auf einen norwegischen Fjord. Es regnet. Die Landschaft ist so grundverschieden von der unserer Safari. Ich sehe die Dünen und spüre die Gezeiten, ich höre die Vögel und kenne die Tiere und fühle alles, was wächst.

Meine Erde.

Da schau, ein Regenbogen! Er ist seine eigene Reise und sein eigenes Ziel.

Draußen eine Winterlandschaft, erhellt von einem
verblassenden Licht. Schnee wirbelt herunter.
Es könnte ein magischer Augenblick sein.
Doch in dieser Landschaft sind die Liebenden sich
fremd. Lange Zeit lebten sie nur, um jeder das
Schöne im anderen zu entdecken; alles andere
in ihrem Leben blieb im Zustand der Ruhe.
Nun erwachen sie allmählich, und die Zeit kommt,
da sie zurückweisen und zerstören, was sie
entdeckten.

Zum erstenmal erkannten wir uns, als die Natur sich in ihrer ganzen Pracht zeigte. Die Wiesen seines Heimatlands, über die wir gingen, leuchteten blaßlila und rot und gelb. Wohin mein Blick reichte, wogten Blumen an langen, dünnen Stengeln im warmen Sommerwind, und die Bäume rundum gaben mit ihren graziös wippenden Zweigen voll goldgelber Blätter zarte Töne von sich.

«Wie Glocken», sagte er glücklich. Es war die Stätte seiner Kindheit, und er zeigte mir jedes Flüßchen, jeden

Wasserfall, jeden See, den er als kleiner Junge aufgesucht hatte.

Was für köstliche Düfte und warme Berührungen – o süße Erinnerungen –, die wir in diesem Sommer teilten!

Damals war es, daß wir nach Brest fuhren und er mir, während der langen Nächte, die wir uns in den Armen lagen, erzählte, wie anders als jede der anderen Frauen, die er gekannt habe, ich sei. Durch mich, so scheine es ihm, habe er wieder eine Chance. Endlich, so sei es ihm, werde er die Wirklichkeit spüren, würden wir eine Liebe von Dauer haben.

«Du rührst das an, wonach ich mich sehnte, was ich aber selbst nie anzurühren wagte», flüsterte er. Und dann: «Du machst, daß ich fliege. Du und ich, wir werden zusammen fliegen. Das ist unser Schicksal.»

Und so verließ er sein Land und kam zu mir.

Ehe ich ihm begegnete, versuchte ich jahrelang, selbst wenn ich allein war, das zu sein, was die Leute von mir erwarteten. Ich wollte schreien, wenn ich lächelte. Ich wollte davonlaufen, wenn ich nahe war. Ich wollte schweigen, wenn ich sprach. Und wenn ich lachte und bei Cocktailpartys mein Glas zu Fremden erhob, war ich voller Wut. Sie sagten mir, daß ich so sanft sei. Sie sagten, meine Ausgeglichenheit ziehe sie an. In der Welt der Illusionen und Schmeicheleien, in der ich soviel Zeit verbrachte, war wenig Raum für mich.

Und dann traf ich ihn.

Er schickte mir ein Telegramm und bat um ein Interview. Ich beantwortete es nie. Dann schickte er ein zweites Telegramm. Ich reagierte noch immer nicht.

Später sagte er mir, er sei in Panik geraten, daß er mich bereits verlöre, noch ehe er mich überhaupt berührt hätte; er habe sich gefragt, was an seinen kurzen Telegrammen nicht stimme. Dann hatte er sich gefragt, ob ich verstanden habe, daß er *mich* und nicht ein Interview wollte. Das Interview sei nur ein Vorwand und eine Rechtfertigung gewesen. Er habe einfach geglaubt, daß wir beide uns begegnen und zusammensein sollten. Und so schickte er ein drittes Telegramm. Das war, als ich antwortete und ja sagte. Und in diesem Augenblick, erzählte er mir, habe er alles gewußt, was geschehen würde.

Während des Interviews verbarg ich, daß ich anders war als er. Ich ließ ihn nicht wissen, daß ich meine Tage mit Programmen ausfüllte. Daß ich mit Terminen und Plänen lebte. Verpflichtungen gaben mir Sicherheit.

Für ihn war das Interview der Anfang seiner Verrücktheit; so ähnlich nannte er es später. Allen Überlegungen, Tatsachen und Verpflichtungen zum Trotz – ein kurzer Wahnsinn – verließ er seine Familie, seinen Job, sein Land.

«So etwas nennt man, glaube ich, Liebe», sagte er immer wieder.

Wie ein anderer Mann, der einmal auf einer Insel ein Haus an genau der Stelle baute, wo er mir das erstemal von seiner Liebe gesprochen hatte, bot Abel mir ein ähnliches Symbol seiner Leidenschaft: ein Universum ohne Vergangenheit, in dem nur für uns beide Platz war.

Er zeigte mir dieses Symbol, und ich nahm es freudig an – in dem Glauben, daß ich durch *seine* Tat Liebe erfahren werde.

Er sagte mir, er habe in mir eine Frau erkannt, die auf der Suche nach einer wirklichen Bindung sei, und daß er glaube, daß seine Gefühle für mich ausreichten, sein Leben auszufüllen.

Er wußte nicht, ob er mich oder ich ihn erwählt hatte, aber er glaubte, daß es um eine Wahl gegangen sei.

Und dann, erwacht und nüchtern, sah er, wie verschieden wir waren. Meine Telefonate, meine Korrespondenz, meine sorgfältig geplanten Stunden ärgerten ihn. Er behauptete, daß die Muße der Liebe zu einem Preis geworden sei, den er von mir zu erringen hatte. «Du bist ein Opfer deiner Verpflichtungen», sagte er und folgte mir wie ein Schlafwandler überallhin, bis wir es beide satt hatten. Und dann wählte er das Schweigen. Er fand keine Befriedigung mehr, da er nur mich wollte, weder meine Vergangenheit noch meine Gegenwart. Ausschließlich mich.

Er sagte: «Nimm mich.» Doch er verlangte nur meine Arme, mein Lächeln, meinen Körper, meine Aufmerksamkeit, meine Liebe. Den ganzen Rest wollte er nicht.

Er sagte: «Gebrauche mich», aber er meinte etwas anderes. Ich werde nie wirklich verstehen, was.

In unserer abgeschiedenen kleinen Welt der Liebe wärmte mich seine Zärtlichkeit, doch ich vermißte die Einbeziehung all dessen, was ich ohne ihn war.

Er kam zu einem Zeitpunkt seines Lebens zu mir, als er entfliehen mußte, als er sich danach sehnte, endlich mit einem anderen Menschen eins zu sein.

Ich glaubte, daß auch ich das wollte, zugleich aber war ich schon auf meinem Weg, der aus der Welt hinausführte, die so viele Jahre die meine gewesen war.

Da er sich so ausschließlich und vorbehaltlos hingab, dachte ich, er wolle alles, was mein Leben ausmachte.

Und dann, ohne daß ich auszusprechen gewagt hätte, was ich vorausahnte, bemerkte ich, wie er sich zurückzog.

Er fühlte sich meinem Leben zu sehr entfremdet.

Damals verstand ich das nicht.

Wir sitzen in meiner Wohnung in Norwegen.

Er schaut gelangweilt drein und starrt in die Flammen des Kaminfeuers. Ich versuche zu lesen, doch die Worte bedeuten mir nichts. Er trinkt. Ich sehne mich schmerzlich nach ihm und nach mir. Ein Wunder müßte geschehen, um dies wieder zu heilen.

Während ich überlege, ob es Liebe ist, was ich für ihn empfinde, frage ich ihn: «Liebst du mich?»

«Ja», antwortet er.

Und dann schweigen wir beide.

Ich beobachte diesen Mann, der so sehr ein Teil seiner Vergangenheit ist, der er zu entfliehen suchte. Ich male mir all die Geschehnisse aus, die er vor mir verborgen haben muß, die Gesichter und Gefühle, die zu ihm gehören. Die er so mühsam für sich selbst behält. Ich werde nichts davon erfahren.

Ich erinnere mich an den Tag, als er kam, und wie er lachte, als er am Flughafen auf mich zurannte: «Gebrauche mich!»

O Abel, was ist mit uns geschehen? Wie konntest du jemals glauben, ich könnte dir all das sein, was du für mich aufgegeben hast?

Was habe ich erwartet? Anfangs war ich voller

Freude, weil du behauptetest, deine Ankunft sei ein Geschenk der Liebe. Ich brauchte das. Dann geriet ich in Panik, da es noch eine reale Welt um mich herum gab, die zwei Liebenden nicht mehr nur als Zuflucht dienen konnte. Ich hatte zu viele Verpflichtungen, Leute, die auf mich angewiesen waren. Ich war Mutter, und ich wollte Zeit für meine Tochter haben. Für mich war das Zuhause mehr als ein Ort, an dem er und ich allein sein konnten. Abel hing einem Traum nach. Er wollte, daß wir gemeinsam entfliehen.

Für mich war es zu spät.

Ich weine.

«Abel, ich bin allein.»

«Manchmal befürchte ich, daß du mich nur als Bestätigung dafür brauchst, daß du lieben kannst und geliebt wirst.» Er wischt mir die Tränen ab und hält mich fest. «Ich liebe dich.»

«Du sagtest zu mir: Gebrauche mich!»

«Ich sagte zu dir: Nimm mich!»

«Abel, warum bist du immer so wütend auf mich?»

Er sagt ruhig: «Das bin ich nicht. Du und ich, wir leben so ungeduldig, mit so wenig Verständnis. Du und ich, wir sind Träumende, wir wollen beide das Unmögliche.

Ich hoffe, daß ich durch dich meine Vergangenheit verlieren werde. Ich verspreche, daß ich dich nicht verlassen werde, es sei denn, ich bin sicher, daß wir beide nie eins werden. Ohne Vergangenheit.

Doch *wenn* ich gehe, werde ich nie zurückschauen. Ich werde dich ohne Bedauern verlassen. Ich werde nicht mehr träumen, aber ich werde nichts bedauern.»

Wir schweigen beide.

Die Angst der Frau:

Höre die Geschichte von Rabia, dieser hochberühmten Frau aus der arabischen Welt. Sie lebte im Mittelalter und wurde von vielen Menschen als Heilige verehrt; es ging die Rede: «Rabia ist hundert Männer wert.» Und diese Heilige des Mittelalters machte eine Pilgerfahrt nach Mekka.

Rabia, die Schönste der arabischen Welt, kroch den ganzen Weg auf einer Seite ihres Körpers. Die Vorstellung von Rabia auf einer Reise, für die sie sieben Jahre brauchte.

Doch als sie kurz vor Mekka war, bekam sie ihre Periode. Weinend, beschämt, ihre Menstruation als ein Zeichen Gottes deutend, gab sie ihr Ziel auf, den geheiligten Hofraum zu besuchen, und beschloß zurückzugehen, ohne die schwarze Kaaba auch nur gesehen zu haben.

Ich reise durch eine unbekannte Welt der Armut
und Not und Hoffnung. Es ist die *Geduld* der
Armen, die mich am meisten beeindruckt.
Obgleich ich immer dicht bei den Leuten, die mir
jetzt begegnen, lebte und ihr Leben kannte, ging ich
durch mein Leben, ohne sie zu sehen. Als lebte ich
auf einer Insel, von Mauern umgeben.
Als Verkörperung der Statistik streckt ein
hungriger Mann eine runzlige Hand aus. Er ist alt
und einsam, seine Zehen ragen aus zerrissenen
Schuhen hervor, seine Augen signalisieren
jedem Vorübergehenden: «Bitte, hilf!» Er ist
die Zeitbombe, die uns schließlich alle vernichten
wird. Er ist die unvorstellbare Armut, die heute
mehr als die Hälfte der Weltbevölkerung
heimsucht.

Immer werde ich UNICEF, dem Kinderhilfswerk der Vereinten Nationen, verpflichtet sein. Eines Tages wurde ich ins Zentralbüro in New York gerufen und gebeten, erster weiblicher «Botschafter des guten Willens» von UNICEF zu sein.

Das traf mich ganz unerwartet. Meine Aufgabe war es, in unterentwickelte Länder zu reisen, um dort von UNICEF unterstützte Projekte der Kinderwohlfahrt zu beobachten, mit notleidenden Familien in Kontakt zu treten und mich über ihre Lebensumstände zu informieren.

Um dann nach meinen Beobachtungen, Erfahrungen und Erkenntnissen Möglichkeiten zu finden, die Sache der Kinder und ihre Bedürfnisse in der Öffentlichkeit zu vertreten.

Abel beschließt, mich bei meiner ersten Reise für UNICEF zu begleiten. Ich bin glücklich über seine Entscheidung, nicht nur meinetwegen, sondern auch seinetwegen, denn er sagte mir einmal, er fühle sich nur auf Reisen lebendig.

Unsere Reise beginnt in New York.

Auf dem Flughafen nimmt eine alte Frau ihre Flöte hoch und macht eine nickende Kopfbewegung. Eine zarte, traurige Melodie ertönt aus dem Instrument. Wir stehen da und schauen auf einen Haufen Wollkleidung und bloße Füße mit bösen Entzündungen. Blaue Augen, die Geheimnisse schauen, die wir nicht erraten können.

«Du siehst», sagt Abel, «es gibt überall arme Leute. Warum müssen wir bis nach Asien reisen, sie zu suchen? Dein Problem ist, daß du immer glaubst, du müßtest den Ereignissen vorauseilen, damit etwas geschieht. Du wartest nicht ab. Du hättest dich nicht gleich, als sie dich fragten, für UNICEF auf den Weg zu machen brauchen.

Du hättest dir Zeit lassen sollen. Wir hätten Pläne machen und dann auf eigene Faust losfahren können, später. Wir hätten das gesehen, was *wir* sehen wollten. Unsere eigene Wahl treffen können.»

Ich habe keine Antwort darauf, obgleich ich weiß, ich kann nicht stillsitzen und die Welt so betrachten wie Abel – bis der richtige Augenblick verpaßt ist. Bis es einen krank macht.

Ich hatte gehofft, wir würden etwas Gemeinsames finden, und nun sind wir auf unserem Weg nach Indien schon auf dem Flughafen weiter voneinander entfernt als zu dem Zeitpunkt, wo unsere Reise beschlossen wurde.

Die Maschine hebt ab und zieht durch Wattewolken hindurch in ein ungeheures Licht, das mich vollkommen erfüllt. Wie ich es liebe, dieses strahlende Wolkenmeer; wie ich es liebe, hoch in den Lüften darauf zu ruhen. Was hätten wohl die Menschen früherer Zeiten bei einem Erlebnis dieser Art gefühlt? Jules Verne mit seinen endlosen Reisen zur See und zu Land – wie würde es ihm gefallen, jetzt hier oben zu hocken? Festgeschnallt mit einem Sitzgurt zwar, die Schwerkraft jedoch aufgehoben? Oder Leonardo? Er, der im Geist schon alle von Menschen gesteckten Grenzen aufgehoben hatte, sein Leben eine einzige Verherrlichung dessen, was der Geist vermag. Hätten sich die Geheimnisse seiner geistigen Höhenflüge gegen den Lärm und die Geschwindigkeit und die Beschränkungen unseres Fluges erhoben?

Tief unter uns liegt das transatlantische Kabel, das auf dem Meeresgrund Botschaften von Mensch zu Mensch vermittelt, auch wenn kein Zeichen im Ozean darauf hindeutet. So wie auch die zahllosen Reisen der Menschheit von Kontinent zu Kontinent nicht an seiner Oberfläche abzulesen sind.

Und der Raum, den wir heute nacht durchfliegen, wird niemals die Spur zweier Liebender bewahren, die ihn auf der Suche nach einem Ziel durchmaßen.

Jeden Tag sterben 40 000 Kinder, weil es ihnen an
Lebensmitteln, Wasser und Medikamenten fehlt.
Das heißt, jede zweite Sekunde stirbt ein Kind
jetzt
und jetzt
und jetzt
und . . .

Die Armen profitieren selten von den Wundern des Fortschritts. Wir, die davon profitieren, können warten, aber Kinder können das nicht:

Nächte ohne ein Dach über dem Kopf, Tage vor leeren Tellern, Wochen des Elends, Monate psychischen Leidens – wenn sie überhaupt überleben, sind sie ein Leben lang davon gezeichnet.

Und wir gleichfalls.

Möglich, daß uns nicht bewußt ist, daß wir dieses Stigma tragen, doch ich sehe es. Ich sehe es an mir, ich sehe es, wenn ich durch die Straßen von New York oder Oslo gehe.

Ich war nie ahnungslos. Mit Mangel an Wissen läßt es sich nicht entschuldigen, daß ich wegsah. Ich lese, ich höre Radio, ich sitze vor dem Fernseher.

Ich *wußte*. Bloß *wollte* ich nicht wissen.

Wie jetzt auf dieser Reise, so lagen immer Statistiken vor mir auf. Und selbst wenn die Zahlen Abstraktionen bleiben, verweben sich doch die unverwechselbaren Gesichter der Lebenden und der Sterbenden, mit denen ich jetzt in Berührung komme, in mir zu einem Bildteppich der gesamten Familie aller Menschen. Und die Schönheit dieses Bildes beruht auf den starken Fäden des Vertrauens.

Die Lebenden

Er ist ein alter Mann. Früher Soldat, versieht er nun den Gesundheitsdienst seines Dorfes. Behutsam führt er mich einen schmalen Pfad entlang zu einer Ansammlung von kleinen Hütten. Eine Hand ruht auf meiner Schulter, den anderen Arm hat er um meine Taille gelegt, wie um mich zu stützen, ein Arm, über dessen schmale Knochen und lange Sehnen sich eine lederne Haut spannt. Von Sonne, Wind und Staub gegerbt, erzählt seine Haut die Geschichte einer Zeit und eines Lebens.

Er macht mich mit allen Familien bekannt, für die er verantwortlich ist. Eine Ausbildung, die UNICEF ihm vor kurzem ermöglichte, gestattet ihm, als «Barfußdoktor» die üblichen Krankheiten in seinem Dorf zu diagnostizieren. In der abgewetzten Tasche, die er mit sich führt, befinden sich Medikamente und die wichtigsten medizinischen Instrumente.

Stolz spricht aus ihm, wenn er sich zu einem Patienten

setzen kann, Zärtlichkeit, wenn er eine Wunde behandelt.

Während unseres gemeinsamen Nachmittags werde ich Zeuge davon, welchen Respekt ihm die Dorfbewohner entgegenbringen, die einen der ältesten aus ihrer Mitte auserwählten, für sie alle eine Ausbildung zu empfangen.

In Bangladesch ist eine kleine Gemeinde beim Feiern.

Inmitten freundlicher grüner Hügel tanzen Männer, Frauen und Kinder um eine glänzende Rohrleitung. Ausgelassen springen sie herum und halten sich an den Händen. Die glühende Sonne hoch oben gibt ihren Bewegungen noch Farbe. Einer ist grün gewandet, ein anderer trägt ein wallendes rotes Tuch – vor meinen Augen ein wirbelndes Kaleidoskop.

Die Frauen hier mußten von jeher das Wasser meilenweit aus einer unsauberen Quelle heranschleppen. Jetzt steht in ihrer Mitte eine Wasserpumpe.

Ein lebhafter Mann, vibrierend wie eine Bogensaite, nachdem der Pfeil abgeschossen wurde, ist dabei, die neu eingerichtete Pumpenanlage vorzuführen, die er installiert hat. Die Schulung durch UNICEF versetzt ihn nun in die Lage, von Dorf zu Dorf zu gehen und den Leuten Wasser zu geben. Er hilft mir eine alte Leiter hinauf und sagt, ich solle die Hand auf die Öffnung des Rohres halten.

«Fühle», lacht er, «fühl doch! Das Wasser kommt!»

Durch die Haut hindurch spüre ich ein Beben und den Druck der entweichenden Luft, die Kraft des Wassers tief unten im Erdreich. Das Wunder geschieht!

Dutzende von Händen fassen nun an das Rohr, und plötzlich sprudelt Wasser heraus und füllt Schalen und Töpfe, die bereitgehalten werden.

Als ich vor Vergnügen aufschreie, grinst der Bohrmeister, und ich erspähe seinen dunklen, trockenen Handteller, als er vor meinen Augen gestikuliert. Ich sehe einen großen, blauen Fleck darauf. Seine tägliche Arbeit, Rohre so tief in die trockene Erde zu bohren, bis klares Wasser fließt, hat an ihm ein Zeichen der Hoffnung hinterlassen.

Während ich mich in diesem Dorf aufhalte, kommt auch ein neunjähriges Mädchen zu mir und nimmt meine Hand. Eine süße Elfe mit langem schwarzen Haar, das ihr um Gesicht und Schultern fliegt. Sie lacht, und während sie mich mit sich zieht, erzählt sie mir mit hoher, lebhafter Stimme: «Ich möchte dir alles zeigen, was wunderbar ist in meinem Leben. Ich möchte dir mein Heim und meine Familie und alles, was wächst, zeigen.»

Sie lebt in einer Lehmhütte. Ich beuge meinen Kopf und trete durch die niedrige Öffnung ein. Drinnen ist es sehr dunkel, und ich kann die Menschen, die dieses Heim mit ihr teilen, nicht erkennen. Doch ihr Gemurmel, ihre Berührungen und ihr Atem so nahe dem meinen geben mir das Gefühl, von Wärme umhüllt zu sein.

Die Sterbenden

Eine Frau, die ein Baby im Arm hält, folgt mir, zupft mich am Ärmel und flüstert: «Bitte, nimm mein Kind mit. Ich kann nirgendwo etwas zu essen für es finden.»

Ihre Augen sind Pforten zur Verzweiflung.

Es ist heiß, ein früher Nachmittag in einem armseligen Dorf in Indien. Kein Lufthauch regt sich an diesem stillen Ort. Die Menschen hier scheinen auf tragische Weise isoliert, als müsse die Welt sie erst entdecken, dem Hungertod nahe inmitten von Überfluß. Eine Frau bricht in der Hitze zusammen. Im achten Monat schwanger, gibt ihr schwacher Körper auf, als die Wehen verfrüht einsetzen. Sie bringt ein zartes, untergewichtiges Bübchen zur Welt und stirbt ein paar Stunden später an ihren Blutungen. Es gibt keine Drogen oder Medikamente, um ihr die letzten Minuten zu erleichtern. Ihr Kind ist noch am Leben, als wir vorbeikommen.

Die Verlassenen

Vor einem Waisenhaus wartet ein zwölfjähriges Mädchen, in der Hand ein Bündel mit seinen Habseligkeiten. «Darf ich bleiben? Ich möchte gern lernen, auch das Lesen.» Sie steht auf ihrem Hinterteil. Ein Zug hat ihr beide Beine abgefahren.

Neben ihr beim Tor steht ein Kinderbett, in das Mütter ihre Babys hineinlegen, läuten und verschwinden können. Für den Fall, daß die Mütter impulsiv handelten und reumütig zurückkehren, warten die Nonnen eine halbe Stunde, ehe sie hinausgehen und den Neuankömmling bei sich aufnehmen.

Verlassene alte Männer und Frauen finden gleichfalls freundliche Aufnahme. Ein schreiendes Baby wird aus seinem Bettchen gehoben und zu einer ängstlichen Frau von siebzig gebracht. Ich sehe zwei Zahnlose lächeln, als man ihr das Kind in den Schoß legt.

Als ich in den Garten gehe, sehe ich einen sechzehnjährigen Jungen im Gras schlafen. Man sagt mir, er sei selten wach, und wenn, so mache das keinen Unterschied. Er ist völlig bewegungslos, außer daß er ab und zu die Augen aufmacht. Das Leben scheint aus seinem Körper entwichen zu sein, obgleich ich von seinen Lippen die winzige Bewegung eines Lauts ablese, der nie hervorkommt.

Die Kleinkinder, unerträglich mager, bewegen mich am tiefsten. Ihr dünnes, krächzendes Schreien hört auf, wenn man sie hochnimmt. So offene Gesichter, kleine Nasen und sanfte Münder – Köpfchen, die an meiner Brust liegen. Ich denke an die liebe alte Frau in Macao.

Zitternde kleine Lebewesen mit Überlebenschancen, die an einem dünnen Faden der Hoffnung hängen.

Als ich das Waisenhaus verlasse, ist mein Kleid von den kleinen Babys naß.

Wir fliegen über Sri Lanka.

«Es ist Schicksal», sagt Abel. «Die Menschen hier glauben daran. Selbst wenn sie noch so sehr leiden, glauben sie daran, daß das Schicksal es ihnen so bestimmt hat. Wir sollten nicht versuchen, das zu ändern.»

Ich kann das nicht akzeptieren. Abel und ich, alle unsere Freunde, wir alle brüsten uns – bis zu einem gewissen Grad –, unser Schicksal selbst meistern zu können. Wie aber können die Armen dann eine Chance haben, wenn ihnen normalerweise ihr Schicksal nie selbst in die Hand gegeben ist? Und warum sollte die göttliche Vorsehung uns so viel und den Menschen hier nichts geben?

Es ist schwer, Abel gegenüber in Worte zu fassen, was ich in diesen Tagen unserer Reise durch das Elend fühle; wie ich lerne, so viele Dinge in Frage zu stellen, die ich bisher für wichtig hielt.

Die Frau, die das Kind weggeben will, um es vor dem Hungertod zu retten, bin *ich*. Wenn ich sie nicht erkenne in der kurzen Zeit, die wir auf der Welt sind, wie kann ich dann erwarten, selbst erkannt zu werden?

Nur in Statistiken sterben die Menschen zu Millionen. Jeder Mensch indessen stirbt individuell, seiner eigenen Bestimmung gemäß. So, wie er auch lebte.

Ich suche nach Worten, um zu beschreiben, was ich entdecke und wonach ich noch immer suche. Ist es die Liebe oder der Glaube? Oder beides?

Oder was immer? Ich weiß es nicht . . .

Abel faßt mich heftig am Arm: Da!

«Schau hinaus! Was wir von hier oben aus sehen, wird uns klüger machen als alle unsere Besuche bei den verschiedenen Gemeinden», sagt er und lehnt sich ans Fenster. «Ich möchte, daß du den *Geist* dieser Länder spürst. Erst dann wirst du verstehen. Da, schau hinaus!»

«Aber ich will, daß du die *Menschen* erspürst.»

Wir fliegen über Kokosnußpalmen hinweg, über Reisfelder, künstliche Seen und Teeplantagen. Abel deutet auf Wasserfälle, Flüsse und Täler. Alles ist wunderbar grün und üppig. Er ist so glücklich, wie ich ihn auf dieser Reise noch nie gesehen habe.

Der Himmel ist blau und heiter. Es ist kurz vor Sonnenuntergang. Die Landschaft unter uns wechselt, Üppigkeit geht in dürre, versengte Erde über, aus

Reichtum wird Armut. «Es ist wie Ebbe und Flut, wie geheimnisvolle Gezeiten der Natur», sagt er.

Unser kleines Flugzeug legt sich in eine Kurve, dem Abendwind entgegen, und während wir über freundliche Hügel und weidende Tiere hinwegfliegen, stellt Abel sich plötzlich vor, er sei ein Vogel, gleite mit weitgespannten Flügeln in großen Bögen durch die Luft.

«Ich wünschte», flüstert er, «ich wünschte, daß alle Leute von Sri Lanka hier oben bei uns sein und sehen könnten, in was für einem schönen Land sie leben.»

Er schweigt.

Wie nur können Abel und ich die Schönheit dieser Welt mit so schmerzlicher Sehnsucht aufnehmen? Wie nur, wenn die Herzen der kleinen Kinder, die wir gerade besuchten, weh tun vor Elend?

Die Lebenden

Ein winziger schmutziger Junge auf einer Fähre versucht uns vorzumachen, er staube unseren Wagen ab. Eine Hand streckt sich uns entgegen. Alte Augen sehen uns gleichgültig an.

Wir legen Geld in die Kinderhand, einige Münzen – wir kennen nicht einmal ihren Wert. Er schaut es an, dann hoch zu uns und wieder hinunter. Ein Lachen, überrascht und freudig, als lache er zu sich selbst. Und danach läuft er nicht weg, wie es die anderen taten.

Ein winziger Junge in Sri Lanka wäscht und wischt unseren Wagen sauber, sogar die Räder werden abgebürstet. Ein hübscher, lachender Junge ist schon bei der zweiten Runde, ein strahlendes Gesicht schaut zu uns herein, als die Fähre landet.

Spindeldürre, nackte Beine laufen unserem Wagen voran, als wollten sie uns vom Schiff geleiten. Seine Sprünge wären eines Tänzers Stolz.

Wir fahren von der Fähre herunter und winken ihm zu.

Und da steht er – vergessen sind Zeit und Ort – und teilt sein Geld mit einem anderen kleinen Jungen. Er hat keine Zeit, zurückzuwinken.

Kalkutta; eine Frau mittleren Alters lebt zwischen Mülltonnen. Sie habe nichts gefunden, womit sie sich einen Unterschlupf hätte schaffen können, sagt sie. An dieser Straßenecke ist man weitgehend der Öffentlichkeit ausgesetzt; aber sie behauptet, es mache ihr nichts aus. Sie ist sicherlich jünger, als sie aussieht, da die vier Kinder, die vor ihr auf dem feuchten, schmutzigen Boden herumspielen, noch klein sind.

Ob sie der Gestank nicht störe.

Sie merkt ihn nicht mehr. Die Chancen, hier etwas Eßbares zu finden, seien gut. Sie ist oft überrascht, was die Leute alles wegwerfen.

Der Gestank menschlichen Abfalls, der hier rings um die Familie verstreut liegt, ist furchtbar. Ein Hund schnuppert zu unseren Füßen, dann läuft er bellend davon, als hätte er etwas Verdächtiges entdeckt, mit dem er auf keinen Fall etwas zu tun haben möchte.

Die Frau hat vier Stück Holz gesammelt, die sie sorgsam und in der Hoffnung hütet, während des Tages noch etwas zum Kochen zu finden. Als es zu regnen beginnt, fordert sie mich auf, unter ihr Umhängetuch zu kommen. Sie breitet es sorgfältig über unser beider

Köpfen, während wir schweigend und freundschaftlich im Rinnstein nebeneinandersitzen.

«Gerade jetzt formen sich die Knochen des Kindes, sein Blut bildet sich, seine Sinne entwickeln sich. Ihm können wir nicht mit ‹morgen› antworten. Sein Name ist ‹heute›», schreibt Gabriela Mistral.

Ein kleines Mädchen wird von der Straße aufgelesen und ins Waisenhaus gebracht, sein Bäuchlein durch Unterernährung aufgetrieben, dünnes, schwarzes Haar bedeckt kaum seine Kopfhaut. Magere kleine Finger untersuchen die Falten meines Kleides, die Länge meines Haars.

Meine Halskette scheint ihr zu gefallen, und während sie sie streichelt, schaut sie mich an.

Ich fasse nach ihren Fingern, und für einen Augenblick verflechten sie sich mit meinen. Ich berühre einen Ring mit einem roten Glasstein, den sie trägt.

Und plötzlich nimmt ihn das Kind vom Finger und gibt ihn mir – und dazu dieses Lächeln . . .

Einen Monat später erzähle ich diese Geschichte ein paar jungen Leuten in Washington. Danach kommt ein dreizehnjähriges Mädchen zu mir und gibt mir einen schönen Ring mit einem silbernen Herzen. Sie bittet mich, irgend jemand zu finden, der selbst nichts hat, bittet mich, den Ring zu übergeben und zu sagen, er sei das Geschenk einer Freundin.

Diese beiden Geschichten erzähle ich dann bei einer Quäkerversammlung in New York. Begeistert von diesen beiden Mädchen starten sie eine Aktion. Jeder

Teilnehmer erhält einen kleinen Ring, der ihn für den einen Monat, da er ihn trägt, ehe er an einen anderen Menschen weitergegeben wird, gemahnen soll, an die zwei Mädchen zu denken und einem Sonderfonds für notleidende Kinder Geld zu schicken, aber auch die Geschichte weiterzuerzählen.

Auf diese Weise hat ein kleines Mädchen in einem Waisenhaus in Asien es fertiggebracht, daß innerhalb von wenigen Monaten ein Fonds von fünfundzwanzigtausend Dollar für andere Kinder zusammenkam.

Abel und ich. Dies ist unser zweiter gemeinsamer Winter.

Draußen wirft der heulende Wind harte Graupeln gegen die Fensterscheiben, kleine Teufel, die an die Hauswand klopfen, Einlaß begehren. Die Nacht umgibt uns mit frostiger Dunkelheit.

Noch sind wir Liebende, doch uns betrachten heißt, zwei Leute sehen, die sich – meist vergeblich – zu erreichen suchen.

Ich wollte, als wir nach Asien gingen, daß Abel etwas darüber schreibe. Er sagte mir: «Ich versuche das, was mich umgibt, zu verstehen, und ich meine, daß mein Leben zu winzig und zu kurz ist, um die Suche bis nach Indien auszudehnen, das so weit von uns ist. Das einzige, was ich wirklich kann, ist lesen.»

Tagelang ist er schweigsam, läßt sogar die Arbeit an seinem Buch liegen. Ich sehe ihn an, möchte ihn schütteln, auch wenn ich nicht weiß, wie ich das, was ich fühle, ausdrücken soll. Mir fällt eine Stelle aus dem Roman *Little Women* ein: «Ich bin fast jeden Tag meines Lebens wütend, Jo; aber ich habe gelernt, es nicht zu zeigen, und ich hoffe noch immer, auch zu lernen, es nicht zu fühlen, obgleich es mich noch vierzig weitere Jahre kosten mag, bis ich das kann.»

Er sagt: «Ich fühle mich nur sicher, wenn ich lese. Wenn ich lese, kenne ich die Grundzüge jeder Stimmung, jedes Gesichts, jedes Ereignisses, und ich habe kein Bedürfnis zu reden.»

Er sucht die Realität in seinen Büchern, so wie ich durch mein Spielen versuchte, Kontakte herzustellen. Wir leben zu einer Zeit unseres Lebens zusammen, da er, der in der Welt des geschriebenen Wortes Zuflucht sucht, bei mir, die diese Welt hinter sich zu lassen sucht, kein Verständnis findet.

Ich sehe seinen gesenkten Nacken, die Hände, unbeholfen im Schoß gefaltet, und plötzlich überwältigt mich die Vorstellung seiner Isolation. Wie schade, mein Geliebter, daß die Leute, mit denen wir zusammentrafen, sich nur deines Schweigens erinnern, doch niemals wissen werden, wer du warst, so wie auch du sie niemals kennen wirst.

Abel steht auf. Langsam und trunken geht er von einer der vielen Lampen zur anderen und knipst sie an. Eine Weile bleibt er beim Fenster stehen und schaut hinaus in die Winternacht. Der Nordwind braust um unser Haus wie einer im äußersten Wahnsinn. Ich hier drinnen sollte mich geborgen und sicher fühlen. Ich bin es nicht. Es hat etwas mit seinem Rücken zu tun, den er mir zukehrt. Als schreie er eine Botschaft hinaus, die ich nicht verstehe.

Nach einer Weile geht er an seinen Platz zurück. Lange Zeit hindurch herrscht Schweigen.

«Bitte, rede mit mir.»

«Was gibt es zu reden? Warum mußt du immer reden?»

«Können wir dann nicht schlafen gehen?»

«Warum mußt du immer Fragen stellen? Warum sitzt du immer hier bei mir und stellst, wenn es still ist, deine Fragen?»

Eine endlose Pause. Ich möchte ihn erreichen. Wenn wir uns nahe sind und keine Worte brauchen, können wir unsere Distanz immer noch überwinden.

«Ich möchte dich lieben, Abel.»

«Ich will nicht über Liebe sprechen. Laß uns übers Vergeuden sprechen. Du vergeudest dein Leben. Und meins. Du vergeudest unser beider Leben.»

«Es ist sehr spät. Ich bin müde.»

«Majestät sind müde. Befehlen mir, zu Bett zu gehen. Majestät sind schläfrig. Wir müssen uns alle ihren Wünschen fügen.»

Ich halte es nicht länger aus in diesem Zimmer. Ich bin hilflos und ängstlich. Dieses furchtbare Gefühl, sich nicht auf ihn verlassen zu können.

Jede Botschaft, die wir einander schicken, scheint eine der Verzweiflung zu sein.

Ich lösche die Kerzen, mit denen ich zuvor unseren Abend verschönt hatte. Dann schenke ich mir einen kräftigen Drink ein. Er sitzt. Eine Zeitlang stehe ich da und sehe ihn an, dann muß ich gehen. «Sieh mich doch! Berühre mich!» Stumme Schreie.

Das Schlußritual ist leichter zu bewältigen. Ich gehe ins Bad, putze mir die Zähne, wasche mir das Gesicht, stelle den Wecker, schiebe den Sicherheitsriegel an der Tür vor und ziehe schließlich die Telefonschnur aus der Steckdose. Früher stellte ich den kleinen Apparat in den Kühlschrank und ließ ihn zwischen Gurken und Tomaten läuten. Das war, ehe Abel kam, doch er fand es nicht lustig, und so ließ ich es bleiben.

Plötzlich steht er in der Tür. Wie ich ihn sehe, überschwemmt mich wieder die Zärtlichkeit. Er ist ganz allein, und er hat nur mich, die ihn trösten kann.

Ich tue nichts. Bleibe stumm. Nach einer langen Pause sagt er: «Ich leide.»

Ich halte ihn. Setze mich mit ihm aufs Bett. Tröste ihn wie ein Kind. Wiege ihn in meinen Armen.

«Ich leide», sagt er wieder und seufzt und starrt über meinen Kopf hinweg zur Decke, so wie er das meistens tut, wenn er mit mir spricht.

Ich weiß nicht, was ich fühle. Jetzt nicht. Ich weiß nur, daß er mich braucht.

Er seufzt noch einmal – diesmal wie ein alter Mann. Und dann sagt er zur Zimmerdecke hin: «Du weißt, daß ich der Welt Schranken setzen wollte, daß ich bis ans Ende nur über eines nachdenken wollte. Über dich.» Ich lächle. Es klingt so wunderschön – mein ganzer Traum, daß es *diesmal* für immer ist, daß ich Ruhe finde in dem Mann, den ich liebe.

Manchmal brauche ich unsere isolierte Insel ebenso wie er.

«Oh, Abel, wir müssen an unserer Beziehung arbeiten. Deinetwegen und meinetwegen.»

Er wendet sich mir zu, lächelt sanft und streichelt mein Kinn.

«Ich glaube nicht, daß man Liebe erarbeiten kann. Ich glaube, daß man nur lieben kann.»

Zweiter Teil

Entscheidungen

Gespräche

Ort: Oslo, Norwegen
Totale – ohne Kameraschwenk

(Sie und Er haben das Frühstück beendet)

ER: Wie oft hast du mich bis jetzt schon allein gelassen, um zu reisen?

SIE: Ich weiß nicht. Wirst du hier sein, wenn ich zurückkomme?

ER: Vielleicht.

SIE: Mein Haus ist wie ein Gefängnis mit deinen *Vielleichts*! Sag mir, was du machen wirst. Sag mir, womit du deine Tage zubringen willst. Sag mir, ob du zurück in deine Heimat gehen wirst. Aber bitte, kein Vielleicht mehr!

ER: Grüße all die Menschen in Äthiopien und sag ihnen, ich bin auf ihrer Seite, weil sie leiden. Sag ihnen auch, daß ich für ihre Sache verloren bin und niemals dorthin fahren werde.

SIE: Ich werde es ihnen ausrichten.

ER: Und sag ihnen auch noch, daß du Menschen kennst, die Geographie für eine Sache der Philosophie halten. Sie werden das verstehen, weil Geographie auch für sie eine Sache der Philosophie ist. Hunger wird es immer geben.

SIE: Fällt dir noch etwas ein?

ER: Frag sie, wozu die Liebe da ist. Frag sie, wozu das Leben da ist. Wenn wir wieder zusammentreffen, kannst du mir erzählen, was sie darauf geantwortet haben, und ich werde bereichert sein.

SIE: Ist das alles?

ER: Das ist alles.

SIE: Das ist alles.

(Schnitt)

An einem Dezembertag, in Äthiopien ist Krieg, wird UNICEF vom Verteidigungsministerium ein Hubschrauber zur Verfügung gestellt. Es ist eine alte, verrostete russische Maschine, und ich habe während des Fluges Angst, da die Benzintanks außen angebracht sind und unter uns in der Ogadenwüste Guerillas aktiv sind, die auf uns anlegen könnten.

Unser Ziel ist eine kleine Stadt. Der Minister des äthiopischen Hilfskomitees, der mich begleitet, berichtet, daß die Stadt erst vor zwei Wochen vom Joch der Somalen «befreit» wurde. «Sie sind der erste Europäer, der dieses Land betritt und die Situation erkunden kann», wird mir gesagt.

Ich stehe neben dem Hubschrauber und weiß nicht, was ich zu den Ruinen sagen soll, die ich vor mir sehe. Ich blicke auf die zerstörte Stadt, die, wie ich höre, einmal sehr schön gewesen sein soll. Ich sehe Menschen, die sich aus den Überresten ihrer Kleidung einen Unterschlupf schafften.

Die Hütten aus Tuch scheinen selbst für ein Kind zu klein zu sein, obgleich sich in manchen von ihnen mehr als zehn Personen zusammendrängen und jede Bewegung mit den anderen abgestimmt werden muß, im Schlafen und im Wachen.

Ich erfahre, daß ihre Kamele und Schafe von den vorbeiziehenden Truppen getötet und verzehrt wurden.

«Wissen Sie», sagt der Minister, «daß Russen wie Amerikaner uns jetzt mit ihren Spionagesatelliten sehen können? Sie können von jedem Gebiet, das sie interessiert, detaillierte Aufnahmen machen und sogar die Epauletten eines feindlichen Generals ausmachen.»

Das wußte ich nicht.

Sollten sie jetzt über uns kreisen, werden sie eine kleine Gruppe von Leuten sehen, die durch eine Stadt gehen, in der zwei Tage lang gekämpft wurde.

Man erzählt mir Geschichten von Männern, Frauen und Kindern, die erschossen wurden. Hat der Satellit auch die Toten aufgenommen, die auf dem Boden zurückblieben, als sich der Rauch verzogen hatte und der Granatendonner und die Feuergarben verebbt waren?

Ich sehe einen Mann vor meinem geistigen Auge, der tot daliegt, das Gewehr noch im Anschlag. Ob er wohl ebensoviel Angst vor dem Töten hatte wie davor, selbst getötet zu werden?

Wir gehen durch Ruinen. Ein alter, fast nackter Mann folgt mir. «Warum gibt es nichts zu essen? Warum besuchst du uns und bringst uns nicht zu essen mit?»

Als man ihm sagt, daß die für dieses Gebiet vorgesehenen Rationen sehr klein sind und kaum für die überlebenden Kinder ausreichen, sagt er: «Aber ich bin auch hungrig. Es tut mir weh!»

Ich möchte ihm etwas Tröstliches sagen und zeige bewundernd auf den kleinen bunten Wollhut, den er trägt. Er reißt sich ihn wütend vom Kopf, steckt ihn in den Mund und schreit: «Glaubst du, ich kann ihn fressen?»

Eine Frau hält mir ihr Kind entgegen.

«Ich habe wie eine Königin gelebt. Ich hatte einen Mann und viele Kinder. Ich hatte einen Gemüsegarten. Wir hatten Haustiere und immer genug zu essen. Dann kam der Krieg. Dieses Kind ist alles, was mir blieb. Schau sein Haar an – es fällt aus. Schau seine Augen an – es ist schon blind. Bitte, erzähl den Frauen in deinem Land von mir. Bitte, vergiß mich nicht.»

Der Minister, der mit mir durch die Ruinen einer befreiten Stadt in der Ogadenwüste geht, sagt:

«Früher, da gab es diese Art Krieg zwischen Somalia und Äthiopien nicht. Wir hatten niemals Flüchtlinge. Zwischen unseren beiden Ländern gab es eine offene Grenze. Unser Volk besteht aus Nomaden. War das Gras in Somalia grün, gingen sie dorthin, und war das Gras in Äthiopien grün, dann kamen sie hierher. Seit undenklichen Zeiten hatten die Nomaden diese Freiheit, umherzuziehen.»

Regierungsbeamte in Somalia berichteten mir später den gleichen Sachverhalt mit fast den gleichen Worten:

«Diese Leute sind völlig schuldlos. Sie sind lediglich Opfer der Verhältnisse. Hilfe sollte nicht an eine bestimmte Regierung oder bestimmte Grenzen gebunden sein, sondern allein an die Not der Menschen.»

Wir kommen an einer alten Frau vorbei, die in ihrem Schoß getrocknete Nüsse liegen hat. Ich setze mich neben sie und beobachte, wie sie von ihrer Ration einem kleinen Jungen etwas abgibt. Sie schaut mich an, und wortlos schält sie eine Nuß und steckt sie mir in den Mund.

Sie ist etwa in meinem Alter, hat langes, glänzendes Haar und sich in einen schönen rot-weiß gestreiften Schal gehüllt. Ihre Haut ist wie Leder, ihre Augen strahlen; sie blinzelt nie.

Sie hörte das Geräusch des Hubschraubers und dachte, er würde Lebensmittel bringen. Sie kann nicht glauben, daß wir mit leeren Händen gekommen sind. Schließlich setzt sie sich hin und sagt, sie wolle hierbleiben und warten, bis ein anderer Hubschrauber Essen bringe.

«Weiß sie, daß das Tage dauern kann?»

«Nein, das weiß sie nicht. Sie wird hier sitzen und warten. Und dann wird sie, wie viele andere auch, aufgeben. In der Zwischenzeit werden Tausende von Leuten von unserem Besuch hören und in der Hoffnung herkommen, daß es etwas zu essen bedeute.»

«Wie oft lassen Sie Hubschrauber mit Beobachtern einfliegen statt mit Nahrungsmitteln?»

«Selten. Und wenn wir es tun, dann laufen die Beobachter aus dem Ausland hier herum und drücken ihr Mitgefühl aus. Sie sind sehr freundlich, aber wir hören selten wieder von ihnen. Wir können trotzdem nicht aufgeben. Wir müssen daran glauben, daß die Welt die Botschaft vom Leiden unseres Volkes erhält.»

Kurz ehe wir wegfliegen, läuft uns die Frau nach, schaut mich direkt an und sagt mit großer Würde: «Ich weiß nicht, was andere Frauen *haben*. Darum wissen sie vielleicht nicht, was mir *fehlt*. Sag ihnen, ich habe nichts außer diesem Schal. Vielleicht werden sie helfen. Sonst sterbe ich langsam. Du mußt ihnen das sagen!»

Versprechungen können niemals ein verzweifeltes menschliches Wesen retten. Aber vielleicht löst sich, wenn jemand zuhört, die Verzweiflung für einen Augenblick.

Da das Leiden dem Opfer keine Rechte verleiht, sind wir, die Zeugen, verantwortlich für die Wiederherstellung dieser verlorenen Rechte.

Wenn Hilfe erst eintrifft, nachdem die Menschen schon verloren sind, wenn der Wüstensand die Spuren verwischt hat, die Zeugnis davon geben, daß hier einst Menschen lebten, dann ist es meine Pflicht zu sagen: Hier war ein Mensch. Und nun ist er dahingegangen, weil ich ihn im Stich gelassen habe.

Hier die Geschichte vom Kamel. Jenem, das am Horn von Afrika lebt. Wenn die Nomaden von einem Platz zum anderen ziehen, packen sie all ihre Habe – ihre Möbel und ihren Hausrat – auf das Kamel.

Sie beladen es mit den Matten, die für ihre Hütten die Dächer abgeben, dann mit den Ästen, die dem Aufbau der Hütte dienen, danach mit den Lebensmittelbehältern, den Wassergefäßen, der Milch, dann kommen das Kleinkind und die neugeborenen Kamele und manchmal noch die alten Leute, die Kranken.

Wenn man sich einem Kamel nähert und nicht langsam geht oder ein Jeep ein lautes Geräusch verursacht, dann gerät das Kamel außer sich und rennt immer geradeaus davon, ohne je anzuhalten. Dann ist es unmöglich, das Tier zum Stehen zu bringen. Nicht einmal sein Besitzer, der es beim Namen ruft, kann es stoppen. Und während es läuft, fallen allmählich alle Sachen, die es auf seinem Rücken trägt, herunter.

Das Wasser, die Äste, die Matten und die Kinder.

Alles purzelt von seinem Rücken herunter – die neugeborenen Kamele, die alten und die kranken Leute.

Es ist gefährlich, wenn ein Kamel durchbrennt.

Ein Kamel kann man nicht völlig zähmen, und es ist nicht besonders intelligent. Es ist ein schwieriges Tier, das viel Aufmerksamkeit braucht, und die Leute, die mit ihm umgehen, müssen eine besondere Einstellung zu ihm haben. Doch für die Nomaden bedeutet das Kamel alles.

Das Kamel führt den Menschen zu einem Weideplatz, doch der Busch läßt es nicht zu, daß dieses große Tier leicht vorankommt. So muß der Mensch ihm den Weg bahnen, ihm Äste wegräumen, es vor wilden Tieren schützen, von Krankheiten heilen.

Zwischen Kamel und Mensch besteht eine Symbiose. Einer hilft dem anderen.

Weit oben im Nordwesten der Ogadenwüste singt ein Mann seinem Kamel vor, erzählt ihm, daß sie die einzigen Lebewesen in dem riesigen ebenen Landstrich am Salzsee sind, an dem sie entlanggehen. Hier gibt es nicht einmal Moskitos oder Fliegen, weil außer dem Menschen und seinem Kamel nichts überleben kann.

Und er singt seinem Tier: «Mein Liebes, du bist das schönste Tier auf der Welt.

Du bist das einzige Tier, das hier an diesem Ort leben kann.

Du bist nicht nur ein schönes und kräftiges Kamel, du bist auch sehr mutig.

Du bist der König aller Tiere.

Schau rüber zu den Bergen.

Dort versteckt sich eine Löwin.

Aber du hast keine Angst vor der Löwin.

Sie hat Angst vor dir.»

Und während er seinem Kamel das vorsingt, imitiert er auch mit der Stimme des Kamels dessen Antwort:

«Ja, ja, du hast recht, mein Freund.»

Es ist ein sehr langes Lied, in dem der Mann unentwegt das Lob seines Tieres singt, während sie langsam durch eine Wüste aus Stein ziehen.

Und mit allem, was der Mann ihm vorsingt, ist das Tier einverstanden. Eine tiefe und heisere Stimme. Und dann und wann eine hohe dazwischen.

Ein Nomade und sein Kamel, langsam Seite an Seite wandernd. Und keiner der beiden fühlt sich allein.

Surma liegt in Äthiopien, nahe der sudanesischen Grenze. Es gibt keine Straßen nach Surma, und auf der Landkarte ist es nicht zu finden. Seit Jahrhunderten leben hier Nomaden. Sie wurden bei einer endlosen Dürreperiode von der Außenwelt erst entdeckt, als sie zu sterben begannen. Dann wurden in einer Lichtung zwischen verdorrten Bäumen die grauen Steine der Wüste weggeräumt und eine improvisierte Landebahn geschaffen. Mitten im Nirgendwo.

Der «Engel der Gnade», wie sie sie nennen, ist eine vierzig Jahre alte DC-3, ein fliegendes Überbleibsel aus dem Krieg, das in dieses von Hunger geplagte Ödland ein wenig Hoffnung bringt. Zwei Tonnen Getreide, die aufzuteilen sind unter dreizehn Provinzen.

Es gibt nicht nur Surma. Es gibt auch noch Bume, Kelem, Bale, El Kere, Chereit, Doolo, Imi, Bulki, Gode, Kelafo, Werder, Degh Bur.

Auf der Landkarte sind all diese Namen nicht zu finden, und vielleicht werden sie spurlos verschwinden, zusammen mit den Menschen, die hier leben.

Schweigsame Menschen sitzen in langen Reihen auf

der Erde, von grauem Staub bedeckt, schauen hinauf zum Himmel, lauschen unaufhörlich den wechselnden Klängen des Windes. Dies könnte der Tag sein, an dem der «Engel der Gnade» kommt.

Wir machen eine holprige Landung auf der Lichtung. Sie sagen mir, ich sei die erste weiße Frau, die Surma besucht. Wir bleiben gerade nur lange genug, um die Nahrungsmittel zu verteilen, die wir mitbringen.

Geduldig warten drei- und vierjährige Kinder, bis sie ihre kleine Ration erhalten haben, gehen langsam mit der Holzschale voller Getreidekörner weg, die für die ganze Familie reichen muß. Heute gibt es einzig für die kleinen Kinder Essen.

Eine Gruppe Frauen singt, um unsere Aufmerksamkeit zu erregen. Das letztemal hatte es gewirkt – sie bekamen einen Teil ab. Vielleicht wirkt es wieder.

Ich beobachte die Frauen, manche mit einem Baby im Arm, das an einer leeren Brust saugt, oft noch ein anderes Baby auf den Rücken gebunden. Sie gehen stundenlang, um irgendeine Nuß oder Beeren zu finden, die übriggeblieben sind, oder trockene Zweige, um ihre Unterkunft zu verbessern. Und da extreme Trockenheit herrscht, graben sie riesengroße Wasserlöcher – tief in den harten Boden hinein und ohne Geräte –, nur um braunes, schlammiges, verseuchtes Wasser zu finden. In der Wüste kann man meilenweit die leeren Krater sehen.

Und plötzlich ein schönes Erlebnis:

Eine Frau spricht mich an und beschließt dann, mich als Braut zu kleiden. Ich erfahre nicht, warum. Sie flicht mein Haar. Ich frage sie: «Werde ich auch einen Bräutigam haben?» Und sie antwortet: «Er ist auf dem

Weg zu dir, auf einem weißen Pferd, das verspreche ich dir.»

Ich sage zu einer anderen Frau, während sie mir ihren Schal um die Schulter legt: «Ich habe eine Tochter im gleichen Alter» – und zeige auf ihre Tochter.

Und sie lächelt: «Nein, das ist nicht möglich, du bist zu jung.»

Ich sage: «Aber du und ich, wir sind bestimmt gleich alt.»

Aber sie glaubt es nicht.

Dann sage ich: «Nun, vielleicht hast du in deinem Leben härter gearbeitet als ich.» Sie macht eine Pause, schaut mich an, dann lächelt sie und sagt: «O ja, ich glaube, du hast viel von deiner Zeit auf dem Hinterteil zugebracht.»

Ein Mädchen kommt, ihr Gesicht gelb angemalt.

«Warum bist du angemalt? Warum macht man das?»

«Wir machen das so. Wir wissen, daß es die Haut straff macht.»

«Wie eine Maske? Eine Gesichtsmaske?»

«Ja.»

«Wird sie dich schön machen?»

«Ja.»

«Darf ich sie anfassen? O ja, es ist eine Gesichtsmaske.»

«Sie kann weiß oder gelb sein. Kommt ganz drauf an.»

«Woraus ist sie gemacht?»

«Aus Baumwurzeln.»

«Es ist eine Schönheitsmaske!»

«Sie soll einen halben Tag draufbleiben, dann nehmen wir sie weg.»

«Wir machen das ebenso.»

Ein paar Kinder ziehen mich fort, und wir laufen alle herum und spielen lange, lange Zeit miteinander. Und als ich nicht mehr laufen kann, sage ich, daß ich fort muß.

Die Kinder rufen: «Komm nächstens zurück und spiel wieder mit uns.»

Ich sage: «Ich bin zu alt, um so herumzuspielen.» Und sie lachen. «Das macht nichts – wir sind jung genug für dich.»

Und dann ist es Zeit zu gehen.

In meinem Gedächtnis werden Menschen in langen Reihen schweigend dasitzen und im grauen Staub geduldig auf Nahrung warten, die vielleicht nicht heute, auch nicht morgen und auch nicht den Tag darauf kommen wird.

In meinem Gedächtnis wird eine Gruppe von Frauen immer noch singen, immer noch mit leeren Händen, wenn unser Flugzeug sich anschickt, die schmale Landebahn entlangzurollen.

Ich sehe Surma entschwinden. Doch dann werden sich in meinem Gedächtnis diese Wirklichkeit und ein fremdartiges neues Bild ineinanderschieben: als nämlich der Pilot der Maschine sagt, er werde mir eine Herde wilder weißer Pferde zeigen.

Lange ehe wir das Gebirgsplateau, wo sie sich aufhalten, erreichen, sagt er: «Wir werden sie gleich sehen. Ja, gleich werden Sie sehen!» Und als wir näher heran sind: «Jetzt sind wir gleich da – gleich, gleich. Auf der linken Seite werden Sie sie sehen. Sie sind weiß, und sie sind wild. Und niemand weiß, wann sie dorthin gekommen sind. Eines Tages waren sie da!»

Der «Engel der Gnade» kurvt sehr niedrig über ein hohes, rechteckiges Plateau, zu dem keine Straßen, keine Wege führen, und dann sehe ich sie: eine Herde weißer, eleganter Pferde, die in aller Ruhe grasen. Schlanke, kräftige Körper in vollendeter Harmonie, die zueinander und zu einer anderen Welt gehören. Sie reagieren nicht einmal auf das Dröhnen unseres Flugzeugs.

«Sie sind wild, sie sind wild!» flüstert der Minister selig. «Und niemand weiß, wo sie hergekommen sind!»

Und der «Engel der Gnade» zieht einen himmlischen Bogen, fliegt so nahe an den Berg heran, als sei er ein Hubschrauber, und da sind sie wieder.

Prächtige, schlanke weiße Pferde, die ruhig auf der grünen Wiese grasen. Niemand weiß, wie und warum sie auf den Gipfel dieses Plateaus kamen. Aber da waren sie, unerreichbar.

Dann entschwinden sie unseren Blicken.

Mir wird gesagt, daß dem «Engel der Gnade» Ersatzteile fehlen. Auch Flugzeuge haben, wie Menschen, ihre Lebenszeit.

Selbst wenn man es mir nicht sagt, weiß ich, daß in einem Jahr die Leute immer noch zum Himmel hinaufschauen und dem unaufhörlich wechselnden Klang des Windes lauschen werden. Aber an diesem Tag wird der «Engel der Gnade» nicht kommen. Weder an diesem noch an einem der folgenden Tage. Niemals.

Die Zeit der Engel wird bald vorüber sein.

Ich sehe sie dastehen, ihr Baby im Arm, verzweifelt mit sich ringend.
Die Gegend, wo ihr Lager sich befindet, ist von einer schweren Dürreperiode heimgesucht.
Ihr Kind ist am Verdursten, dem Tode nahe.
Vor ihr ein Wasserloch mit schlammigem, verseuchtem Wasser.
Sie hat die Wahl: ihr einziges Kind an Wassermangel sterben oder es von vergiftetem Wasser trinken zu lassen.
Ich beobachte sie, wie sie ihre Entscheidung trifft.
Sie beugt sich nieder, nimmt eine Handvoll Schlammwasser auf, führt die Hand langsam zum Mund ihres Babys.

In Somalia überqueren täglich zwei- bis dreitausend neue Flüchtlinge die Grenze. Ihre Zahl übersteigt schon die Einwohnerzahlen vieler afrikanischer Staaten.

Ich besuche ein Flüchtlingslager, das einen Monat

zuvor eingerichtet wurde und in dem seither bereits fünfundsiebzigtausend Menschen Zuflucht gesucht haben. Jeden Tag treffen Hunderte neuer Flüchtlinge ein.

Ein Flüchtlingslager ist daran zu erkennen, daß kilometerweit kein Baum und Strauch mehr steht. Die Menschen können hier kein Brennmaterial mehr finden, um ihr Essen zu kochen, kein Holz, um Unterkünfte zu bauen. Die ersten Flüchtlingswellen haben alles Verfügbare verbraucht, und jetzt ist das Land verödet.

Wie sinnlos die Empfehlung, verschmutztes Wasser abzukochen, wenn es kein Brennmaterial gibt.

Ganze Familien haben ihre wenigen Habseligkeiten in einem Kreis um den Platz herum aufgebaut, auf dem sie sich niedergelassen haben, als könnten ein paar Teller, eine kleine Tonne und ein Haufen Kleidung Schutz bieten. Wie sollen sie die Kälte der Nacht überstehen, wenn weder Dächer noch Wände vorhanden sind, den Körper zu schützen?

Vor zwei Tagen ist ein Mädchen von vierzehn Jahren unter einem Busch niedergekommen, während ihre Mutter vor Verzweiflung schreiend herumlief. Der Tochter wegen in die Wüste hinausschrie. Die Qualen des Mädchens waren zu ihren eigenen geworden.

Und als dann das Kind, ein Junge, nach vierundzwanzig dramatischen Stunden zur Welt kam, wobei das Mädchen beinahe starb, fuhr die ältere Frau einfach fort zu schreien.

Ich habe das Schreien nicht gehört, doch die Leute, die die drei, zusammengedrängt im Niemandsland der

Wüste, fanden, erzählten mir von ihrem Geheul. Sie konnte einfach nicht aufhören. Als ob die Töne tief aus ihr heraus ein Teil von ihr selbst geworden seien.

Man brachte die kleine Familie in das Flüchtlingslager, wo ich sie traf.

Das junge Mädchen liegt mit ihrem Sohn im Sand. Da dieser Bezirk als Krankenstation dient, hat man ihr eine Decke gegeben, um ihr Kind zu schützen, und ein Arzt hat den aufgerissenen Körper genäht. Der Vater des Babys kämpft irgendwo in Äthiopien. Sie hat sieben Monate nichts mehr von ihm gehört und weiß nicht, ob er überhaupt noch lebt.

Drei Generationen einer kleinen Familie auf dem Sandboden eines Flüchtlingslagers, einer Familie, die bald die Krankenstation verlassen muß, um Platz zu machen für noch Bedürftigere.

Die Frauen stehen in kleinen Gruppen zusammen und warten auf einen Platz, wo sie sich niederlassen können. Sie begrüßen mich mit den Worten «Nabad Gallio», ein Ausdruck für «Frieden».

Einige berichten, wie Soldaten ihnen ihre Kinder entrissen haben.

Eine Frau weint, da sie fünf Mädchen und einen Jungen verloren hat.

Eine andere Frau weint, weil sie niemanden zu verlieren hatte und schon immer allein war.

Eine Frau kam mit leeren Händen und hat Angst, daß man ihr nichts zu essen und zu trinken geben wird, weil sie keinen Behälter hat.

Eine Frau steht barfüßig auf dem brennend heißen

Wüstensand und sagt: «Ihr, die von unserem Schicksal wißt, helft uns bitte.»

Es scheint, daß viele von denen, die ich treffe, Hoffnung haben, obgleich ich mir nicht sicher bin, daß sie wissen, worauf sie hoffen. Doch ich glaube, daß das einzige Recht in einer so verzweifelten Lage das auf Hoffnung ist.

Ein Arzt bittet mich, mit ihm zu gehen, er sagt, es gäbe eine alte Frau hier, die ich kennenlernen müsse. Er sagt, sie sei mit Schmerzen im Rücken und im Becken ins Hospital gekommen. Sie konnte nicht gehen. Sie war stark verkrüppelt.

Auf dem Weg komme ich an einem Mann vorbei, der mit seinem Holzbein wütend in den Staub stampft: eine Kugel hat sein eigenes Bein zerschmettert. Mit der Faust schlägt er gegen sein Holzbein. Schlägt immer wieder dagegen. Auf dem Rücken trägt er ein Kind und schreit: «Das ist mir nun geblieben! Das ist mein Leben!»

Als ich die alte Frau treffe, scheint sie in Ordnung zu sein; sie sitzt schön ordentlich und voll Vertrauen auf ihrer Decke im Zelt. Das ist ihre Geschichte:

«Ich bin nur mit einem Tuch um die Hüften hierhergekommen. Meinen Mann und meinen Sohn haben sie umgebracht. Ich habe es mit ansehen müssen – aber mich hat niemand angerührt. Unterwegs habe ich ein Wasserrinnsal gefunden, aber nachdem ich mich zum Trinken niedergelegt hatte und mein Durst gestillt war, wurde mir klar, daß ich nichts auf die weitere Reise mitnehmen konnte, da ich kein Gefäß hatte. Als ich von meinem Haus floh, wollte ich nicht, daß die Soldaten mich weglaufen sähen. Ich war so dankbar, daß sie mich verschont hatten, und so voller Angst, weil ich gesehen hatte, wie sie meine Familie umbrachten. Ich dachte, wenn ich mein Haus mit leeren Händen verließe, würden sie nicht wissen, daß ich über die Grenze fliehen wollte.

Ich weiß nicht, wie lange ich unterwegs war. In der Stadt, die ich verließ, waren viele Leute umgekommen, und seither habe ich Angst, und ich vergesse so vieles.»

Später frage ich den Arzt, ob sie je davon gesprochen habe, nach Hause zurückzukehren. Er sagt, nein. Sie wolle nicht einmal das Krankenzelt verlassen. Jedesmal, wenn jemand von dieser Möglichkeit spricht, legt sie sich hin und klagt, daß sie ihre Beine nicht bewegen könne.

Der Arzt sagt: «Sie will einfach hierbleiben und behandelt und umsorgt werden. Ich werde sie dabehalten, solange ich hier bin.»

Wie farbig das alles in der Sonne ist: die spielenden Kinder, die strahlend gelben Zelte der Krankenstation, die Leute mit ihrer Habe, die primitiven Unterstände, von den Frauen unter dürrem Gebüsch zurechtgemacht, und die zusammengenähten Reste von Tüchern und Lumpen auf der weißen und braunen Erde. Doch wenn man um sechs Uhr morgens durch das Lager geht, ist die Luft sehr kühl, und man sieht die kleinen, mageren Körper frösteln. Kinder liegen im Sterben, weil selbst Decken hier ein Luxus sind. Die ganz Kleinen schlafen eng aneinandergeschmiegt – so jammervoll eng. Als könnten sie nur bei den anderen Körpern Wärme finden, die ebenso schwach und mager wie ihre eigenen sind.

Ich hätte gern gewußt, was sie träumen.

Während dieser Tage wächst meine Wut. Ich *will* wütend sein. Wut läßt einen handeln, ermöglicht Veränderung. Befähigt zum Protest.

Warum bin ich, wie viele andere Frauen, so erzogen worden, daß man mir nicht das Recht gab, Wut zu zeigen? Warum wird Wut für unweiblich und sexuell unattraktiv gehalten? Warum soll ich schweigend zusehen, wie Männer leidenschaftlich dafür kämpfen, was sie für richtig halten, während man mein Einstehen für das, woran ich glaube, als ein Stück «Frauenbewegung» abtut, das nicht ernst zu nehmen ist? Als ich mich dahingehend äußerte, daß ein Wandel notwendig sei, ein Wandel hinsichtlich der politischen Sprache der Männer, des Stolzes, des Machismus und der Heuchelei unserer politischen Führer, habe ich nur Spott geerntet. Nicht nur das, man nannte mich auch aggressiv, eine, die den Männern Angst einjagt. Kein Wunder, daß so viele Frauen davor zurückschrecken, ihre Überzeugungen genau so zu äußern, wie sie sie empfinden; sie haben sogar Angst vor ihrem eigenen Gefühl der Wut.

Vor unseren Augen lassen die Männer ihre Wut an denen aus, die nicht ihrer Meinung sind, und behaupten, sie dienten einem höheren gesellschaftlichen Ziel. Uns aber hinterlassen sie eine brutale und rivalisierende Welt.

Ich bin wütend. Ich bin wütend, wenn ich Kinder leiden sehe, während ich weiß, daß Milliarden von Dollars für die Kriegsmaschinerie und die Wissenschaft der Zerstörung ausgegeben werden.

Allmählich lerne ich, daß ich, sofern ich einfach weiterhin den Lebensrahmen akzeptiere, den andere mir aufgezwungen haben, wenn ich versäume, meine eigenen Entscheidungen zu treffen, den Sinn meines Lebens verfehle. Ich werde das nicht zu erkennen vermögen, was zu ändern in meiner Macht steht.

Ich weigere mich, ein Leben lang die Dinge zu bereuen, die ich zu tun versäumt habe.

Ein alter Mann mit einem langen Bart liegt im Wüstensand, umgeben von seinen wenigen Habseligkeiten. «Niemals wieder in mein eigenes Haus hineinzugehen, das bricht mir das Herz. Wissen Sie, ganz gleich, was für ein Leben man führt, und selbst wenn dieses Lager genug Wasser und Lebensmittel und Kamele hätte – es wäre trotzdem nie ein Zuhause. Ich möchte irgendwo hingehören – möchte wenigstens ein ganz klein bißchen das Gefühl von Zugehörigkeit haben.»

Ich komme an einigen Unterständen vorbei. Eine Frau fragt mich: «Warum bedeckst du nicht deinen Kopf? Verheiratete Frauen tun das hier.»

Ich sage ihr: «Ich bin nicht verheiratet.»

«Willst du sagen, daß eine Frau wie du, die in einer großen Stadt lebt, keinen Mann finden kann?» Sie schaut mich freundlich an, denkt eine Weile nach und flüstert dann mit einigen Männern, die in der Nähe stehen. Nach einer kurzen Diskussion kommen die Männer auf mich zu, und der Älteste von ihnen sagt: «Wir möchten nicht unsere Zeit damit verschwenden, einen Mann für eine Frau zu suchen, die schon verheiratet ist. Bist du bestimmt nicht verheiratet?» Ich gebe erneut zu, daß ich nicht verheiratet bin.

«Kannst du lesen und schreiben?»

«Ja.»

«Dann werden wir alle Männer hier in einer Reihe aufstellen, und du kannst deine Wahl treffen. Unsere einzige Bedingung ist, daß du den Kindern Lesen und Schreiben beibringst.»

«Aber ich will nicht heiraten», sage ich.

«Hör mal, du hast ein Problem, das gelöst werden muß. Und wenn wir dein Problem gelöst haben, dann kannst du uns helfen, einige unserer Probleme zu lösen.»

«Ich möchte allein leben», sage ich.

«Woher kommst du?»

«Aus Norwegen.»

«Die Männer aus Norwegen sind keine Männer.»

Eine Frau kommt zu uns gelaufen. Mir ist gesagt worden, daß Soldaten ihr schwere Brandwunden zugefügt haben, ehe sie in das Flüchtlingslager floh. Ein Mann, der sie bei ihrer Ankunft sah, sagt: «Ich erinnere mich, wie grauenvoll sie ausschaute, als sie herkam. Sie sah aus, als sei sie schon tot.»

Ich kann sehen, wie schwer ihre Verbrennungen sind, denn ihr Gesicht und ihr Körper sind von unterschiedlicher Hautfarbe. Sie beginnt dem Arzt die Hand zu küssen und sagt immer wieder: «Danke Ihnen. Gott segne Sie.»

Der Arzt fragt: «Wie steht's mit deinem Haar?» Sie zieht die Bandage weg. Ein Teil ihrer Kopfhaut ist kahl, ich sehe ihre Narben. Der Frau laufen die Tränen über die Wangen, und ihr Gesichtsausdruck ist schön. «Sie haben mir das Leben gerettet!»

Und während wir drei uns niedersetzen und sich Kinder um uns scharen, die neugierig, mit offenem Mund und großen Augen, denen nichts entgeht, einer Sprache lauschen, die sie nicht verstehen, erzählt der Arzt mir ihre Geschichte.

Seit Generationen waren sie Nomaden, und die Familie hatte sich in der Nähe der Landstraße niedergelassen. Die Mutter machte gerade Tee für ihre beiden Jungen, die in der Nähe Holz sammelten. Die anrückenden Soldaten mußten den Rauch bemerkt haben, und als sie näher kamen, sahen sie eine alte Frau friedlich an einem großen Feuer Tee kochen, während ihre beiden Söhne ein paar Meter weiter entfernt bei der Arbeit waren.

Als die Jungen die Soldaten kommen sahen, liefen sie weg, doch sie war zu alt, um wegzurennen. Zudem hatte sie immer ein ruhiges Leben geführt, niemandem jemals Schaden zugefügt, für niemanden während der kriegerischen Auseinandersetzungen Partei ergriffen. Die Soldaten, von einem Hauptmann angeführt, kamen langsam heran, und während sie noch lächelte und ihnen Tee anbieten wollte, packten sie sie am Genick, stießen sie in das Feuer und hielten sie so, während sie ihr aufs Gesicht traten. Der Hauptmann stand, als sie im Feuer war, über ihr, und ein Soldat schüttete das kochende Wasser über ihre alten Beine. Vergebens versuchte sie den Flammen zu entkommen.

Dann tauchten auf der gegenüberliegenden Straßenseite Guerillas auf. Sie sahen die parkenden Armeelastwagen und was sich hier abspielte. Unter Gebrüll sprangen sie herbei und begannen zu schießen. Eine der

Gewehrkugeln traf den Hauptmann, der immer noch dastand, den Fuß auf dem Gesicht der Frau. Er fiel ins Feuer.

Es gab einen Schußwechsel. Die zwei Söhne, die hinzugekommen waren, wurden dabei getötet. Als die Schießerei vorbei war, waren nur noch drei Guerillas übrig. Sie halfen der Frau aus dem Feuer heraus. Sie sagte ihnen, daß ihre Tochter etwa hundert Kilometer von hier lebe, so brachten sie sie dorthin.

Während sie bei der Tochter lebte, wurde das Dorf angegriffen. Sie floh auf einem Esel, mußte die Leichen ihres letzten Kindes und ihrer Enkel zurücklassen. Und so, mit ihrem verstümmelten Gesicht und ihrem verbrannten Körper, ging sie über die Grenze. Sie zog von Lager zu Lager, bis sie eines Tages hierher kam und den Arzt fand, der ihr ein neues Leben schenkte.

Innerhalb von Stunden hatte er für sie eine gute Unterkunft aufstellen lassen, und er hatte sie mehrmals operiert.

Ich beobachte das strahlende Gesicht der Frau, die sich mit ihrem ganzen Körper an den Arzt lehnt.

Ich lerne eine Redensart, die über Generationen hinweg alle Grenzen überwunden hatte: «Gott hat das Horn Afrikas in der Wüste geschaffen. Doch aus dem Sand erwuchs ein Volk von Blumen.»

An meinem zweiundvierzigsten Geburtstag überreicht mir der Gouverneur von Mogadischu als Geschenk ein Nationalkostüm seines Landes. Ich halte dieses Kleidungsstück in der Hand, das eine jahrhundertealte

Tradition des Landes darstellt, und sehe, daß es aus verschiedenen Stoffstücken besteht.

Das erste Stück wird mir um die Schulter gelegt, und zwei ältere Frauen sind für eine halbe Stunde damit beschäftigt, das Geschenk um mich herum zu drapieren. Wir kichern, wie Frauen das bei solchen Gelegenheiten eben tun, und finden durch Gesten und Mimik bald Kontakt zueinander.

Neugierig schaue ich in einen hohen, schmalen Spiegel. In dem dämmrigen Licht, das den Raum am frühen Morgen durchdringt, verändert sich meine in das dicke Tuch gehüllte Gestalt.

Das ist der Augenblick, da ich wirklich erfahre, welchen Einfluß ein Kostüm haben kann.

Das Gewand bestimmt meine Bewegungen, meine Gesichtszüge und selbst meine Gedanken. Doch ich muß nicht darin auftreten. Dieses hier gehört nur mir.

Mein Gewand und ich sehen uns in dem alten, blind gewordenen Spiegel an.

Und hier, in diesem spärlich erleuchteten Raum in Somalia, wo ich mich mit zwei Frauen ohne Hilfe der Sprache anfreunde, werde ich in meiner Identität bestärkt.

Ich denke an das Musical am Broadway zurück. Wie lange her scheint mir das! Eines Abends stand ich in der Seitenkulisse und wartete auf mein Stichwort. Ich sah an mir herunter, auf die lange, verwaschene Schürze, und auf einmal wurde mir bewußt, daß ich die meisten Jahre meines Erwachsenendaseins in Kleidern von jemand anders zugebracht hatte. Mehr als fünfundzwanzig Jahre bin ich um die ganze Welt gereist – wechselnde

Bühnen, wechselnde Filmstudios, wechselnde Orte und wechselnde Kostüme.

Immer vorgebend, jemand anders zu sein.

Vom frühen Morgen bis spät in die Nacht in Kleidern, die für eine andere Frau gemacht wurden, eine, die ich durch meine Darstellung werden sollte.

Gespräche

Der alte Mann singt aus dem Koran.

Er sagt, er möchte über das Heilige Buch sprechen.

«An die Botschaft des Korans muß man Wort für Wort glauben. Viele Dinge mögen sich seit Mohammed geändert haben, doch nicht der Koran, auch wenn es verschiedene Auslegungen gibt. Die Worte Gottes können von niemandem verändert werden. Verfassungen oder andere Dinge, die von Menschen geschaffen sind, können sich der Zeit entsprechend verändern, und die Menschen mögen sie ihrer Situation momentan anpassen. Doch die Worte Gottes bleiben immer bestehen.»

«Wieviel Zeit verbringen Sie täglich mit Ihren Büchern und Gebeten?»

«Ich lese fast den ganzen Tag und die ganze Nacht. Ich bin alt. Ich brauche wenig Schlaf. In der Koranschule und in meiner Freizeit beschäftige ich mich mit dem, was ich am besten kann: ich bete, ich singe, ich lese. Ich bin Kulturberater meines Landes, ich bin somalischer Nationalist. Ich habe ein berühmtes Gedicht geschrieben, jedermann in Somalia kennt es. Es ist eines unserer großen Nationallieder geworden.»

«Wann haben Sie es geschrieben?»

«Im Jahre 1941. In meinem Lied geht es um Freiheit und Unabhängigkeit. Ich mobilisiere die Menschen, ich dränge sie zum Handeln und zeige ihnen, wie sie die Führung ihres Landes selbst übernehmen können. Ich fordere die Fremden auf, das Land zu verlassen und dem Volk von Somalia die Freiheit zu geben. Das ist der Hauptgedanke meines Liedes.»

Und dann singt der alte Mann, und seine tiefe Stimme ist von besonderem Wohlklang. Er hat klare, blaue Augen wie ein Kind, seine runzligen Hände hält er gefaltet. Als er das Lied zu Ende gesungen hat, bittet er mich, mich näher zu ihm zu setzen, und er sagt, als vertraue er einem Freund etwas an: «Ich habe zu Gott gebetet, die Menschen auf der ganzen Welt zu vereinen und ihnen zu helfen, all ihre schrecklichen Probleme zu vergessen, damit es keine Aggressionen mehr gibt. Damit die Menschen zusammenleben und ihre Probleme in Frieden und Eintracht lösen können.»

«Haben Sie viele Gedichte geschrieben?»

«Ja. Zweiunddreißig.»

«Darf man einen weisen Mann nach seinem Alter fragen?»

«Ich bin sechsundsiebzig, vielleicht etwas mehr.»

«Wie viele Frauen haben Sie?»

«Vier. Vielleicht ein paar mehr.»

«Ist es richtig, so viele Frauen zu haben?»

«Ja, wenn man sie unterhalten kann. Und das kann ich, deshalb habe ich nach meiner ersten noch andere geheiratet.»

«Ist es besser, vier Frauen zu haben?»

«Es ist besser, nur eine zu haben. Doch wenn man dazu in der Lage ist, kann man drei weitere heiraten.»

«Aber was ist nun das beste?»

«Eine.»

«Aber da zwei ein Problem sind, und drei ein noch größeres, warum haben Sie dann vier Probleme?»

Der alte Mann lächelt.

«Wie viele Kinder haben Sie?»

«Lassen Sie mich nachdenken. Sechsundneunzig sollten es sein, mit den Enkeln zusammen. Sechsunddreißig sind meine eigenen Kinder.»

«Sechsunddreißig Kinder! Von vier Frauen?»

«Ich hatte ungefähr neun.»

«Sie haben neun Frauen geheiratet?»

«Einige sind gestorben. Zur Zeit habe ich nur zwei.»

«Wie alt ist Ihr jüngstes Kind?»

«Acht Monate. Eine Frau ist gerade schwanger.» Er lacht eine ganze Weile.

«Wie lange sind Sie mit ihr verheiratet?»

«Ungefähr acht Jahre.»

«Wie alt ist sie?»

«Fünfundzwanzig.»

«Ist sie die Mutter des acht Monate alten Babys?»

«Ja.»

«Werden Sie noch eine Frau heiraten?»

«Ich bin bereit, noch eine zu heiraten. Vielleicht sogar ein Mädchen aus Europa.»

Er schaut mir unverwandt in die Augen und lacht wieder.

Eines Nachts sah Mr. B., der UNICEF-Mitarbeiter vor Ort, wie der Tischler, der an dem neuen Schulbau mitarbeitete, seinem Kind weiße Farbe auf den Körper auftrug.

Das Kind war drei Jahre alt. Mr. B. fragte ihn: «Was soll das, Ihr Kind anzumalen? Die Haut verträgt das nicht. Das ist nicht gut.»

«Ich weiß nicht. Sehen Sie, da ist ein Vogel am Himmel, und dieser Vogel hat es auf mein Kind abgesehen. Und wenn ich mein Kind nicht verstecke, es nicht weiß anmale, wird es krank und wird vielleicht leiden.»

Mr. B. sagte ihm: «Oh, was für Dummheiten! Glauben Sie doch nicht an solchen Unsinn. Machen Sie das nicht.»

Der Mann sagte: «Wenn Sie es sagen, werde ich auf Sie hören. Ich werde das Kind nicht anmalen, wenn Sie es sagen. Sind Sie sicher, daß Sie recht haben?»

«Nun, ich glaube, es ist besser, wenn Sie's nicht tun. Und glauben Sie nicht an solche Dinge.»

Am folgenden Morgen klopfte jemand an die Tür des UNICEF-Büros. Mr. B. machte auf, und Mohammed stand mit seinem Kind draußen.

Das Kind hatte schrecklich hohes Fieber und Schüttelfrost.

Der Mann sagte: «Sie haben mir gesagt, ich soll's nicht anmalen. Da schaun Sie, in was für einem Zustand es ist.»

Mr. B. wußte nicht, was er tun sollte. Er nahm das Kind und fuhr schnell mit dem Jeep ins Hospital, übergab das Kind einem Arzt, und der kleine Junge wurde wieder gesund.

«Seither, und das liegt fünfundzwanzig Jahre zurück, habe ich mich nie mehr in das eingemischt, was andere Leute glauben.»

Und dann erzählt mir Mr. B., der seit mehr als dreißig Jahren für verschiedene Hilfsorganisationen in Somalia tätig ist, folgende Geschichte:

«Wir arbeiteten an einem Projekt zur Förderung des Handwerks, darunter auch die Töpferei. Wir glühten vor Begeisterung. Ein mexikanischer Professor leitete das Projekt und bat mich, neue moderne Geräte zu kaufen – Sie wissen schon, diese Töpferscheiben.

Die Leute hier hatten bereits Erfahrung in der Töpferei. Durch Jahrhunderte haben sie alle Arten von Wasserbehältern aus Ton hergestellt. Doch sie legten den Ton auf einen runden Stein und drehten, am Boden sitzend, den Stein mit ihren Zehen, während sie den Ton in verschiedene Formen brachten.

Die europäischen Töpferscheiben kamen an, und wir brachten den Leuten bei, wie man sie handhabt. Sie lernten sehr schnell, und am letzten Tag des Kurses dankten sie uns und sagten:

‹Wir sind sehr dankbar. Und wenn Sie weggehen, werden wir alle Ihre Geräte in die Ecke unserer Hütten stellen und sie dort stehenlassen. Doch wenn irgendein wichtiger Besucher aus Mogadischu oder New York kommt, werden wir sie herausnehmen und zeigen, daß wir damit umgehen können.›»

Die Frau eines europäischen Diplomaten sitzt bei einem Abendessen in Djibouti neben mir: «Sie müssen wissen, es gibt gar keine Probleme mehr. Jeder erhält Hilfe. Zuviel, wenn Sie mich fragen. Die Leute werden verwöhnt. Es ödet einen schon an, darüber zu reden.»

Ich fliege in einem offenen Hubschrauber über Djibouti. Jedesmal, wenn wir in eine Kurve gehen, meine ich herauszufallen. Mir ist angst und bange, im Freien zu sitzen, nur von einem Metalldach geschützt. Irgendwie werde ich an meine Kindheit erinnert, an meine Plüschtiere, diese sanften Vermittler, die den Unschuldigen Sicherheit bringen. Ich erinnere mich, wie ich sie jeden Abend zu Bett brachte und sorgfältig zudeckte, ganz gleich, wie müde ich war. Und wenn ich eines von ihnen nicht finden konnte, lag ich wach und sorgte mich. Ich kannte die Angst, nachts allein gelassen zu werden. Ich fühlte, wie kalt dem Tier sein mußte. Fürchtete, daß es sich nicht länger geliebt glaubte.

Von meinem Sitz aus sehe ich das Urbild der Dürre: Was ich für Straßen hielt, sind, wie ich langsam erkenne, in Wirklichkeit Flüsse ohne Wasser.

Djibouti hat 303 000 Einwohner und zusätzlich 30 000 Flüchtlinge. Fünfzehn Prozent der Bevölkerung sind Vertriebene, die wegen der Dürre ihr Heim verlassen mußten und nun in Lagern leben. Neun von zehn schwangeren Frauen haben Anämie. Nur sieben von zwölf Kindern kommen lebend zur Welt. Sechzig Prozent der Kinder sind unterernährt.

Der mich begleitende Außenminister sagt: «Wir haben so viele Flüchtlinge, und wir sind sehr arm. Aber wir weisen keinen ab.»

Erinnerungen an Teegesellschaften, wenn alle meine Puppen und Tiere, schön herausgeputzt, auf meinem Bett versammelt waren, für jeden ein Täßchen, Kuchen und Tee aus Luft, und Gespräche, die längst vergessen sind. Eine Teegesellschaft, die erst abgebrochen wird, wenn Mutter zur Tür hereinschaut und mich zum Abendessen ruft. Der köstliche Duft von Essen und Wärme aus dem Wohnzimmer.

Als ich Somalia verließ, sagte mir jemand: «Wenn man Djibouti sagt, dann will da niemand hin. Vielleicht ist es nicht das Ende der Welt, aber man kann es von dort aus sehen.»

Ich habe den Namen Djibouti mit grüner Tinte in meinen Handteller geschrieben, damit ich mich daran erinnere.

Als wir in Ali Sabieh, einem Flüchtlingslager, landen, kommt eine Frau auf uns zugelaufen. Sie ist wütend und hört nicht auf zu schreien. Sie will, daß wir der Welt bezeugen, wie ungerecht das Leben ist. Sie fragt nicht, wer wir sind. Sie hat keine Zähne, so daß sie manchmal schwer zu verstehen ist, selbst als sie sich beruhigt. Sie ist blind und zeigt auf ihre Augen. Ich weiß keine andere Antwort, als ihre Wange zu küssen, die naß ist von Tränen der Ohnmacht.

Ich gehe durch das Lager. Es ist schrecklich heiß, und alles ist mit grauem Staub bedeckt. Die Menschen um uns herum sind am Verdursten.

Eine schwangere Mutter seufzt und setzt sich, als sei selbst das zu anstrengend gewesen, auf den Boden. Sie wiegt ihr Baby in den Armen: «Es kann keine Nahrung aufnehmen, und ich bekomme keine Hilfe von der Gesundheitszentrale – sie helfen ja nur den Kräftigsten, weil sie nicht genug Medikamente haben. Jetzt schlafe ich den ganzen Tag. Was soll ich sonst machen?»

Wir verlassen das Lager, und aus der Luft sehe ich die Kinder kleiner und kleiner werden.

Die Hitze bringt mich so ins Schwitzen, daß meine Haare ganz naß sind. Ich sehe aus, als würde ich weinen, und den Namen auf meinem Handteller hat die Feuchtigkeit verwischt.

Und wenn er je geweint,
So weiß ich heut, da ich dies schreibe,
Daß seine Tränen aufgehört, sein Schmerz
geendet hat.
Mein Herz ist übervoll.
Das Bild des kleinen Jungen, der nach meinem
Finger griff,
Der mir den Funken des Verstehens schenkte,
Es weckt in mir den Wunsch, die Wahl zu
treffen,
Die für ihn ist, und somit auch für mich.

Eines Tages glaubte ich nicht mehr an Anne Franks Worte: «In ihrem tiefsten Inneren sind alle Menschen gut.»

Eines Tages kam ich in meine Hotelsuite in Nairobi, und im Radio wurde gerade *Jingle Bells* gespielt. Es war kurz vor Weihnachten. Der Raum war ein freundlicher Ort der Zuflucht, und mit der Musik tauchten glückliche Kindheitserinnerungen auf.

Und dann, von einem Augenblick zum anderen, hörte

ich auf zu *glauben*, als das Bild des kleinen Jungen in Somalia vor meinen geschlossenen Augen stand.

Das Bild eines Kindes schlich sich in mein Herz und meine Seele. Ein kleiner Junge, der meinen Finger packte und mich ziellos durch das Flüchtlingslager führte. Ein kleiner nackter Junge mit einem leeren Teller und Augen – ach! – hundert Jahre alt, und einem winzigen Hintern, so runzlig wie bei einem alten Mann.

Ich mußte erst eine Reise tun, über meinen Beruf und die Menschen, die ich liebte, über all das hinaus, was ich kannte, ehe eines Tages ein kleiner Junge – ein letztes Opfer von Krieg und Gleichgültigkeit – mir bewies, daß du, Anne Frank, unrecht hattest. Ein kleiner Junge zeigte mir, daß wir nicht alle tief drinnen wirklich gut sind, denn er wurde geopfert, weil wir kein Mitleid hatten.

Und seither blieb dieses kleine Kind an meiner Seite, und seine magere kleine Hand hält noch immer meinen Finger fest. Ein kleines Kind, dessen kurzes Leben von denen bestimmt wurde, die nicht einmal von seiner Existenz wußten. Ein kleiner Junge, der keinerlei Wahl hatte, denn die Entscheidungen gingen über seinen Kopf hinweg, und er selbst hatte nie auch nur den geringsten Anteil an ihnen. Ein kleiner Junge – von gefühllosen Entscheidungen betroffen, vielleicht auch davon, daß es gar keine Entscheidungen gab – würde sich bald im Wüstensand zum Sterben niederlegen.

In diesem Sinne möchte ich wissen, worin *meine* Wahl besteht, und danach *handeln*. Denn frei wählen zu können, ist für mich die Essenz dessen, was ich unter Menschsein verstehe.

Ich möchte die Kräfte bekämpfen, die einem Menschen oder einem ganzen Volk das Recht auf eigene Entscheidungen verweigern.

Und da ich verstehe, daß nichts eindeutig ist, muß ich zugleich versuchen, auch das Dilemma zu akzeptieren, daß die schwierigsten Augenblicke des Lebens nicht durchschaubar sind, daß die höchsten Bestrebungen der Menschheit ihren Preis so gut wie ihren Gewinn haben.

Der kleine Junge, dem keine Wahl blieb, als so zu leben, wie wir es für ihn bestimmten.

Ich lief mit ihm herum, seine Hand um meinen Finger gekrallt, mein Blick auf dem kleinen Kopf mit dem weichen schwarzen Haar voller Staub, einem Kopf, der sich nicht bewegte und sich nie den Leuten, an denen wir vorbeigingen, zuwandte.

Als ich um ihn zu weinen aufhörte, wußte ich, daß er mich etwas gelehrt, daß er mir eine Perspektive eröffnet hatte, die meinem Leben eine neue Dimension gab. Denn ich konnte fortan nicht mehr mit meiner Unschuld leben. Durch ihn wurde ich gezwungen, mit Entscheidungen zu leben, von denen weder er noch ich wußten, als wir uns trafen.

Ich möchte mein Leben einem Kind widmen, mit dem ich nie gesprochen habe, einem Kind in der Wüste Afrikas, das sicher nicht mehr am Leben ist. Mit seinem leeren Teller, dem verrunzelten, winzigen Hinterteil und den uralten Augen.

Gespräche

Ort: Oslo, Norwegen

(Es ist Abend. Der Tisch für das Abendessen ist prächtig mit funkelndem Silber und Kristall gedeckt. Ein Strauß Rosen, eine leere Flasche Champagner. Er schenkt Rotwein in frische Gläser ein. Sie trägt die Platten herein, dampfende, köstliche Gerichte.)

ER: (Während er den Wein probiert) Ich hoffe, du hast deine wunderbaren Gedanken über die Hungernden und Unterdrückten niedergeschrieben.
(Sie sieht ihn an. Reicht ihm die Speisen)

ER: Ich muß zugeben, daß du mehr Energie hast, als ein Mann bei einer Frau erwarten würde. (Er hebt sein Glas.) Ich kann einfach nicht verstehen, was so eine hübsche Frau unter Bettlern zu suchen hat. Doch da ich dich liebe, respektiere ich deine Entscheidungen. Sei willkommen hier, wo du hingehörst. Willkommen zu Hause!
(Sie sagt nichts. Sie trinken. Eine ganze Weile essen sie schweigend.)

ER: Glaubst du, daß manche Frauen fortschrittlich sind, weil sie berühmt sind?
(Sie lächelt. Gibt keine Antwort.)

ER: Ich habe eine wichtige Frage. Hast du dich jemals gefragt, wo unser Geld für die Hungernden hingeht?
(Sie sagt nichts. Sie essen schweigend weiter.)
(Langsamer Kameraschwenk durch das Zimmer, in dem sie sitzen, auf die Bücher, den Fernsehapparat, das Videogerät, die teure Hi-Fi-Anlage, die kostbaren Möbel, einige Antiquitäten, gute Bilder.)
(Pause.)

ER: Du siehst gut aus. Reisen bekommt dir.

SIE: Danke. (Pause) Du siehst auch gut aus. Du hast zugenommen. Es scheint dir zu bekommen, wenn ich nicht hier bin.

ER: Ich versuche, ein bißchen mehr so auszusehen wie du.
(Er lacht. Pause.)

SIE: Man fühlt sich geborgen hier. Zu wissen, daß du dir soviel Zeit genommen hast, dieses köstliche Essen zuzubereiten, daß wir nicht allein sind, wenn wir zu Bett gehen.
(Sie hebt ihr Glas. Sie trinken einander zu.)
(Nahaufnahme von ihm.)

ER: Warum meinst du, du müßtest ständig nach einem Zweck im Leben suchen?

SIE: Weil ich überzeugt davon bin, daß wir mit einem versiegelten Auftrag auf die Welt kommen. Ich glaube, daß nur diejenigen, denen es an Mitleid

fehlt, von oben herab auf diesen Lebenszweck schauen.
(Sie lächelt. Pause. Schnitt auf den ganzen Eßtisch.)

ER: Und was hältst du davon?

SIE: Wovon?

ER: Von deiner Reise.

SIE: Glücklicherweise ist alles sehr, sehr einfach.
(Sie schweigt. Nahaufnahme von ihm.)

SIE: Und was hältst *du* davon?
(Nahaufnahme von ihr.)

ER: Wovon?

SIE: Von allem. Du fragst immer *mich*. Du kommentierst nur, was *ich* tue. Was *ich* sage. Was *ich* bin. Aber ich weiß nie, wer du ohne deine Bücher bist.
(Nahaufnahme von ihm.)

ER: Du hast deine Verwundbarkeit eingebüßt. Und die fehlt mir. Du hast deine allerfraulichste Eigenschaft verloren, meine Liebste.
(Sie lächelt. Und dann steht sie langsam vom Tisch auf. Langsam faltet sie ihre Serviette zusammen. Langsam schiebt sie den Stuhl an seinen Platz zurück. Und dann, im Bruchteil einer Sekunde, verschwindet das Lächeln von ihrem Gesicht, und sie schreit. Sie schmettert die Weinflasche auf den Fußboden, stößt ihr Weinglas um und rennt aus dem Zimmer.)
(Schnitt auf ihn allein.)
(Schnitt auf den Rotwein, der sich über das kostbare weiße Damasttischtuch verbreitet.)
(Abblenden.)

Dritter Teil

Gespenster

Diesmal heiße ich Jenny:
«Ich wollte so leben, daß ich mich niemals zu schämen brauchte, nicht als Frau, nicht als Künstlerin. Niemals etwas tun, dessen Richtigkeit ich anzweifelte.
Ich wollte ehrlich und stark und gut sein und niemals den Schmerz eines anderen Menschen auf dem Gewissen haben.»

Ich mache einen norwegischen Film. Diese seit langem bestehende Verpflichtung schließt Drehorte in drei verschiedenen Ländern Europas ein. Obgleich es schön ist, wieder mit alten Freunden aus Norwegen zusammenzuarbeiten, sehe ich mich neun Monate lang in viele Frustrationen meines Berufes eingezwängt, denen ich nie wieder ausgesetzt sein wollte.

Ich reise und reise. Ich packe Koffer und Taschen ein und aus. Ich wache in fremden Hotelzimmern auf. Ich gehe in fremden Städten zur Arbeit. Ich richte es ein, zwischendurch nach Hause zu Linn zu fliegen. Ich warte auf Abel an immer neuen Flugplätzen. Ich telefoniere mit meinen Anwälten und telegrafiere meinen Agenten, beantworte meine Post, zahle meine Rechnungen, und sehne mich nach Linn, und mache mir Gedanken wegen meiner Liebe und zähle die Tage der Trennung. Ich bin die ganze Zeit in Aktion.

Und strafe selber meine Behauptung Lügen: «Das wichtigste für mich ist, ein Mensch zu sein.» Was für ein Mensch bin ich denn, ständig nur angespannt und beschäftigt? Wenn ich ständig die Leute und das Leben um mich herum beobachte, als würde ich auf diese Weise wirklich etwas entdecken. Als hoffte ich, die Wahrheit über eine fundamentale Wirklichkeit zu finden.

Bin ich nur durch meine Arbeit Mensch? Gebe ich denn durch meine Schauspielkunst etwas, das ich als Privatperson nicht besitzen kann, nämlich anderen zu ermöglichen, durch mich das wiederzuerkennen, was sie schon vorher wußten?

Ist das Liv, die ihr menschliches Leben lebt?

Nora – diese Rolle habe ich auf vielen verschiedenen Bühnen gespielt. Ich erkenne in mir so vieles von ihr. Ist das Theater mein Puppenheim? Nora, Ibsens Frau, die durch eine Tür fortging. Nora, einst ein kleines Mädchen in Norwegen. Ein kleines Mädchen, das seine Träume malt, bis die Erwachsenen ihr sagen, sie mache es falsch, und ihr zeigen, wie man auf dem Papier das kopiert, was sie sehen: eine Wirklichkeit, in der kein Platz für Träume ist.

Meine Arbeit sollte so beschaffen sein, wie ich lebe. Somit ist mein Leben meine Arbeit.

Aber Rollen verändern mich nicht, das Leben ja.

Zu oft erscheint mir neuerdings das, was ich im Theater und in Filmstudios mache, als Schwindel. Es kostet mich Anstrengung, meine Füße von einer Seite der Bühne zur anderen zu bewegen. Laurence Olivier erzählte mir einmal, er habe ein ähnliches Gefühl, wenn er seinen Text spricht. Es sei anstrengend für ihn geworden, und er beginne schon Angst zu haben, daß ihm der nächste Satz nicht mehr einfalle, während er noch den vorhergehenden spreche.

Vielleicht gehört dieses Infragestellen zur Lebensmitte. Vielleicht gibt es auch keinen Namen dafür. Vielleicht ist es einfach nur ein Sichbewußtwerden, daß man zu wählen hat.

Alles, was ich in letzter Zeit erlebe, bewegt mich viel tiefer, und mein Verstehen ist nicht mehr auf seine frühen Grenzen beschränkt. Ich weiß weniger als zuvor, doch nur, weil ich rings um mich her von lauter neuen Fragen und Alternativen bedrängt werde.

Während dieser norwegischen Filmproduktion ist mein Verlangen, den Schauspielberuf eine Zeitlang aufzugeben und mein Leben zu ändern, stärker als je zuvor.

Zum Bühnenausgang hinauszugehen und schon unterwegs zu sein. Um eine Ecke zu biegen, ohne zu wissen, wohin der Weg führt.

Ich möchte nicht am Ende einst gefragt werden, was ich aus meinem Leben gemacht habe, und die Antwort geben müssen: «Ich war Schauspielerin.»

Ich möchte gern sagen können: «Ich habe geliebt und ich habe gesucht. Ich habe Freude gekannt, manchmal, aber auch Schmerz.

Und ich würde alles noch einmal so haben wollen.»

Ich lerne etwas über das Mitleid. Ich entdecke seine Gebärde bei alten Leuten und kleinen Kindern, in menschlichen Beziehungen und in der Einsamkeit. Ich suche in mir selbst danach.

Einige von uns zeigen das äußerste Mitgefühl dann, wenn sie die größten Entbehrungen erleiden.

Lange bevor ich Abel traf, schrieb ich als Auftragsarbeit ein Drehbuch. Dann wurde ich zu meiner Überraschung gebeten, auch die Regie des Films zu übernehmen. Es ist nur ein Fünfzehn-Minuten-Film, eine Folge eines Features, zu dem sechs Frauen beitragen sollten, und zwar mit ihrer Version der Liebe. Kann ich das, was ich geschrieben habe, auch inszenieren? Traue ich mir das zu?

«Mach's», sagt Abel.

«Ich hab dafür keine Zeit.» Panik in meiner Stimme.

«Ich werde dir helfen», verspricht er.

Dennoch zögere ich. Ich weiß, es ist riskant, da ich gewohnt bin, dramatisches Geschehen auf andere Weise zu interpretieren. Gleichwohl sage ich ja.

Im letzten Augenblick zieht Abel sein Interesse an meinem Projekt zurück. Für mich ist es schwer zu begreifen, daß unser gemeinsames Leben für ihn leichter wäre, wenn ich mich nicht so viel mit Dingen beschäftigen würde, die nicht uns beide betreffen. Manchmal glaube ich, er würde weniger leiden, wenn ich tatsächlich versagte. Wie die Frauen vor mir, und zweifellos auch nach mir, bin ich fast willens, mir den Schmerz des Versagens anzutun, um unsere Beziehung aufrechtzuerhalten. In dem irrigen Glauben, ich könnte uns beide so glücklicher machen.

Mich zu lieben, ist für ihn eine Leidenschaft, die unabhängig ist davon, was ich im Leben leiste.

Langsam begreife ich, daß er mich aus anderen Gründen liebt als ich ihn.

Ich freue mich an dem, was er zustande bringt, und bin frustriert, wenn er untätig ist. Dennoch bin ich mir im tiefsten Inneren der Tatsache bewußt, daß ich irgendwie erwarte, *meine* Suche nach einem sinnvollen Ziel müßte auch die *seine* sein; mein Tun sollte durch das seine verdoppelt werden. Als hätte ich das Recht, von *ihm* eine Tat zu verlangen, die mir bestätigt, daß *ich* die richtige Entscheidung getroffen habe.

Mein Film handelt von einem älteren Mann. Seine Frau ist senil und liegt in einem Pflegeheim. Das Alter, oft soviel schrecklicher und einsamer als der Tod selbst. Körperlichen und geistigen Verfall ertragen zu müssen – welch bitteres Ende, wenn man nicht auf Mitgefühl trifft.

Ich möchte die Geschichte eines alten Mannes erzählen, der Hüter der Liebe ist.

Ich komme in den Studios in Toronto an und hoffe, die Arbeit selbst wird mir zeigen, wie ich es machen soll; denke mir, wenn ich nie versuche, Regie zu führen, werde ich auch nie wissen, ob ich es kann. Während ich Selbstvertrauen vortäusche, spüre ich, daß mich jeder skeptisch beobachtet. Abel hat mich jedoch beschworen, mir den Anschein großer Sicherheit bei der Arbeit zu geben, selbst wenn ich innerlich zittern sollte; und wenn es auch an diesem ersten Morgen kaum etwas gibt, das ich zu können glaube, rede ich mir ein, alles völlig im Griff zu haben. Und es ist für mich gar nicht so überraschend, feststellen zu müssen, daß alles, was ich in fünfundzwanzig Jahren als Schauspielerin technisch gelernt habe, auf die Probleme und Lösungen bei dieser neuen Aufgabe des Filmemachens hinweist.

Schon sehr bald wird in mir der Wunsch wach, den ganzen Film verantwortlich übernehmen zu können, alle Folgen, denn ich bin fasziniert von den vielen Möglichkeiten, die ein Regisseur hat. Mir wird bewußt, daß mir etwas fehlen würde, wenn ich nicht weiterhin Filme machen kann – allerdings nur, wenn ich dabei wie jetzt meine eigenen Entscheidungen treffen kann. Die eben entdeckte Fähigkeit, Entschlossenheit statt Höflichkeit zu zeigen, gibt mir eine Kraft, die ich niemals zuvor zum Ausdruck bringen konnte.

«Die sollen aufpassen», sage ich zu Abel am Telefon. «Jetzt werde ich mich für all den Frust rächen, den ich als Schauspielerin schlucken mußte, und zahl's ihnen heim, daß ich nicht all die Jahre schon hinter der Kamera stand.»

Er sagt mir, ich solle schnell zu ihm zurückkommen.

«Und bitte paß selber auf! Du hörst dich langsam an wie eine dieser Feministinnen!»

Der Hauptdarsteller Charles Joliffe ist siebzig und ein wunderbarer Schauspieler und Mensch. Er ist pensioniert, lehrte früher Schauspielkunst an einer Highschool und hat ein Lächeln, so heiter wie ein Frühlingsmorgen. Sein Gesicht ist faltig, graues, schütteres Haar umrahmt seine hohe Stirn. Er strahlt eine solche Unschuld aus, daß wir, die ihm zusehen, plötzlich das Gefühl haben, ihn beschützen zu müssen.

«Ich mußte bis in mein hohes Alter auf meine erste Nacktszene warten», sagt er ganz glücklich und steht gebeugt und nackt da, um seine Badeszene zu drehen.

Mein Film mit dem Titel *Abschied* beschreibt einen Vormittag im Leben eines alten Mannes.

Er wacht morgens langsam in einem Doppelbett auf, das Gesicht leicht getönt vom Licht der aufgehenden Sonne, wendet sich mit einem unhörbaren Seufzer dem Fenster zu. Es dauert lange, bis er vorsichtig die nackten Füße auf den Boden setzt. Über den Rand einer riesengroßen Badewanne sieht man nur seinen kleinen ernsten Kopf herausragen, von der Hitze stehen ihm Schweißperlen an den Schläfen; still sitzt er da, ganz in Gedanken verloren. Er frühstückt, Tee und Toast – der Küchentisch ist hübsch gedeckt –, während eine Katze ihm auf den Schoß springt und für einen Augenblick seine Einsamkeit unterbricht, ehe sie, als er sie streicheln will, wieder wegspringt.

Mit zitternden Händen macht er einen Picknickkorb

zurecht: Eine Bouillon, sorgsam zubereitet, wird in eine Thermosflasche abgefüllt, wobei etwas von der Brühe danebengeht. Frisch ausgepreßter Orangensaft wandert ebenso in den Korb wie ein rotkariertes, ordentlich zusammengelegtes Tischtuch. Zuletzt kommt noch eine Flasche mit Leitungswasser dazu.

Er wandert durch die Küche, stellt dies und das an seinen Platz, und dabei geht mit ihm eine Veränderung vor sich. Eine gewisse Vorfreude liegt nun in seinen Bewegungen, seinem Ausdruck: kein Zweifel, der alte Mann hat ein Geheimnis. Wir können es an seinen rituellen Vorbereitungen für ein Rendezvous erkennen. Ein Gesicht, erfüllt und gezeichnet von Erregung. Tief drinnen sitzt seine innere Bewegung.

Dann sehen wir ihn auf der Straße gehen, hören entferntes Kinderlachen. Menschen eilen an ihm vorbei, und keiner beobachtet den leicht gebeugten Mann, der so schnell geht, als hätte er wichtige Geschäfte zu erledigen. Entschlossenen Schritts geht er durch das Tor eines großen, grauen Gebäudes. Er setzt seinen Weg durch endlose Korridore fort, fixiert weißgekleidete Schwestern und Ärzte mit seinen Blicken, ihn nur ja nicht aufzuhalten. Schließlich bleibt er vor einer Tür, deren Anstrich abblättert, stehen, und dann, als er sie öffnet – dieses Lächeln! Was für ein strahlendes Lächeln! Sein Gesichtsausdruck ist der eines Liebhabers. Ein alter Mann erhellt ein dumpfes Krankenzimmer mit Sonnenschein.

Dort ist *Sie!*

Schon vor langer Zeit ist seine Frau in einen Traum hinübergewandelt. Seither liegt sie ruhig und unbeweglich da, starrt nur zur Wand hin. Aber jetzt ist ihr Ritter da, betritt ihr Schloß mit einem Korb voller Geschenke, erfüllt das Zimmer mit der ganzen Liebe, die sie füreinander hatten, umgibt ihr Bett mit Zärtlichkeit.

Da es keine Dialoge und somit auch keine Mikrophone gibt, kann ich meine Anweisungen geben, während die Kamera läuft:

«. . . Richte ihr die Kissen, Charles. Und jetzt die Serviette. Sieh ihre Hände an, hat sie nicht kalte Hände? Jetzt fängst du an, ihr die Suppe mit dem Löffel, den du mitgebracht hast, zu geben . . . Du zitterst dabei, Charles, nicht wahr? Verschüttest etwas auf die Bettdekke. Du bist bestürzt . . . wie schwer es doch ist, alt zu werden . . . Du fühlst es, schau sie nur an – du bist glücklich, wie gut ihr das Essen tut. Steigt schon Farbe in ihre Wangen? . . . Versuch ihr noch einen Löffel voll zu geben . . . Sie will nicht . . . Sie war schon immer dickköpfig, nicht wahr . . .»

Wir sehen den alten Mann, wie er ihre schlaffen Hände massiert, die bewegungslos auf der Decke liegen. Nun setzt er seine Brille auf und zieht ihre alte, abgegriffene Bibel hervor. Und endlich spricht er. In dem unergründlichen Dunkel, das ihre Tage einhüllt, klingt seine Stimme ganz sanft:

«Wenn ich mit Menschen- und mit Engelszungen redete, und hätte der Liebe nicht, so wäre ich ein tönendes Erz oder eine klingende Schelle.

Und wenn ich weissagen könnte und wüßte alle Geheimnisse, und alle Erkenntnisse, und hätte allen

Glauben, also, daß ich Berge versetze, und hätte der Liebe nicht, so wäre ich nichts.

Und wenn ich alle meine Habe den Armen gäbe, und ließe meinen Leib brennen, und hätte der Liebe nicht, so wäre es mir nichts nütze.»

Auf dem Fensterbrett steht eine kleine Topfpflanze. Sorgfältig besprengt er sie mit dem Wasser aus der Flasche, die er mitgebracht hat.

Seine Hand berührt zärtlich, o so zärtlich, ihr Gesicht – heilt ihre Isolation.

Die Schönheit dieser Hand, die Zuneigung ausdrückt.

Und dann geht er. Und wieder sehen wir einen kleinen, alten Mann zwischen Menschen einhergehen, die vorbeieilen, ohne ihn zu sehen.

Er biegt um eine Ecke, und die Straße bleibt menschenleer zurück.

Erinnerung

Meine Großmutter sitzt in einem Lehnstuhl. Auf ihrem Schoß ein kleines Mädchen, ich. Sie singt. Sie spricht von ihrer Kindheit. Sie riecht so gut.

Sie erzählt mir von einem Hund, den sie liebte und der starb, und daß sein Tod sie jetzt nicht mehr so schmerzt wie früher. Voll Bedauern sagt sie mir, daß die Zeit alle Wunden heilt, daß sie den Schmerz und die Sorgen tilgt.

Ich frage mich, warum sie das traurig macht.

Weiche Händchen streicheln zwei alte, knochige Hände. Und dann erinnert Großmama sich an einen besonderen Frühlingstag, als sie vierzehn war und in einem Park mit apfelgrünem Rasen herumlief. Margeriten blühten überall und dann noch eine prächtige gelbe Blume, deren Namen sie vergessen hat. Eine Amsel, die sich im Gras versteckt hatte, flatterte lautlos vor ihr auf. Und sie hörte drollige Laute, eine Krähe, die zu singen versuchte – manchmal gelang es ihr sogar. Buntgefiederte Enten watschelten wie Betrunkene am Ufer eines Teichs. Und nahe einem ganz verlassenen Pfad begegnete sie einem Kaninchen, mit dem sie sich unterhielt.

Ich sitze auf ihrem Schoß, geborgen und warm. Gehalten von Armen, die vom Alter gezeichnet sind, sehe ich den Zauber einer anderen Kindheit vor mir, die schon so lange zurückliegt, und die Empfindung treibt mir Tränen in die Augen.

Ich frage mich, warum mich das traurig macht.

Sie küßt mich und sagt, Tränen seien in den Augen verborgene Perlen. Die uns, wenn sie hervorkullern, auf wundersame Weise von allem erlösen, was so weit drinnen schmerzt, wo aller Kummer und alles Glück beieinanderwohnen.

Später, im Dämmerlicht des Abends, liege ich auf einer Matratze am Boden, die immer mein Bett ist, wenn ich bei Großmama bin. In meiner Zimmerecke ist es schon fast dunkel. Mein Blickfeld wird eingerahmt von zwei kleinen Holzstühlen, über deren Lehnen eine Decke hängt. Ich habe das Gefühl, ein kleines Haus ganz für mich allein zu haben.

In diesem Frieden schlafe ich beinahe ein.

Die geschwungenen Beine der Stühle bilden eine celloförmige Öffnung, und durch mein Cello kann ich den ganzen Raum perspektivisch sehen. Weit vorn beim Fenster, das jetzt rote Vorhänge verdecken, sehe ich, wie Großmama sich entkleidet, beim Licht einer Lampe, deren Fuß mit Streublümchen bemalt ist. Das Licht fällt auf sie und ihren goldenen Bettüberwurf.

Sie zieht sich das Wollkleid über den Kopf, was ihr große Schmerzen bereitet, denn sie hat einen schlimmen Rücken und einen verkrümmten rechten Arm. Dann zieht sie ihr Unterkleid aus blaßrosa Seide aus und ein Paar lange, farblose Unterhosen, und ihre schlechtsitzenden Strümpfe kommen zum Vorschein. Es dauert lang, bis sie das Korsett aufgehakt hat.

Schließlich steht sie nackt im Lampenschimmer, und als sie den Bettüberwurf abnimmt, seufzt sie. Nicht ein einziges Mal schaut sie zu mir herüber, sie glaubt, ich schlafe schon fest. Durch mein magisches Cello kann ich sie sehen, während mein Herz vor Rührung laut klopft. Sie hört es nicht.

Mühsam entflicht sie ihren Zopf, und ihr Haar sieht auf ihrem gebeugten, blassen Rücken so dünn und anders aus. Ein runzliger Körper wird von einem Nachthemd bedeckt – flüchtiger Anblick einer Frau, die ich nie zuvor gesehen habe.

Noch ein fast unhörbarer Seufzer, länger als der erste, als sie sich ins Bett legt. Es kostet sie Mühe, sich umzudrehen, sie seufzt noch einmal.

Und nie wird sie erfahren, wie sehr sie gerade in dem Augenblick geliebt wird, als sie ihre Hand nach der Lampe ausstreckt, um den ganzen Raum in Dunkelheit zu tauchen.

«Papa Doc, der du bist im
Nationalpalast auf Lebenszeit
Geheiligt werde dein Name
Dein Wille geschehe in
Port-au-Prince als auch
In den Provinzen.

Unser Neu Haiti gib uns heute
Und vergib nicht die Sünden dieser
Antipatrioten, die täglich
Auf unser Land spucken.

Führe sie in die Versuchung
Und schicke sie
Vergiftet vom eigenen Haß
Ins Übel.»

Ein Schulgebet, das man mir zeigt, ersetzte beim Präsidenten «Papa Doc» Duvalier das Vaterunser, nachdem er 1961 vom Vatikan exkommuniziert wurde.

Ich komme an einem Sonntag morgen in Port-au-Prince, der Hauptstadt von Haiti, an. Soweit ich feststellen kann, sind fast keine anderen Gäste in meinem Hotel. Der Manager eilt mit einem riesigen Lächeln zu meiner Begrüßung herbei. Er schiebt mich beinahe durch die Gänge in mein Zimmer und fordert mich auf, eine Broschüre zu lesen, die er mir zuwirft.

«Liebliches Haiti. Jeden Tag wird Ihr Swimmingpool gereinigt und danach mit frischen Hibiscusblüten bestreut. Jeden Abend stellen wir die Unterwasserbeleuchtung an für Ihr Bad bei Mondenschein. Täglich wird Ihnen mit Empfehlungen des Managements eine Schale mit Südfrüchten in Ihren Kühlschrank gestellt, auf Ihrer Terrasse servieren wir Ihnen ein köstliches Frühstück. Nachts können Sie unterm Sternenhimmel tanzen, nachdem Sie an unserem weltberühmten Buffet Ihr Abendessen eingenommen haben. Wasserski. Segeln. Schwimmen. Sporttauchen. Oder Sie lehnen sich einfach zurück und genießen die Sonne.

Denn so sieht das Leben im wundervollen Haiti aus.»

Ich sehe mich in dem überladenen Zimmer um, Kandelaber auf dem Tisch neben dem Bett. Grüne Eidechsen huschen über die weißgetünchten Wände.

Nur einen Häuserblock vom Hotel entfernt lerne ich die Wirklichkeit eines anderen Haiti kennen.

Die Straßen sind voll von Abfall, Bettlern, Straßenverkäufern und Prostituierten. Die armen Leute, die aus den Ritzen im Zentrum der Stadt kommen.

Es gibt keine öffentlichen Latrinen in der Stadt. Nur sechs Lastwagen sind für die Müllabfuhr im Einsatz, der

Abfall wird vierzig Meilen außerhalb der Stadt deponiert. Doch nur, wenn es Benzin gibt. Und das ist nicht oft der Fall.

Lediglich ein paar hundert wohlhabende Einwohner haben Kanalisation, und entsetzt beobachte ich, wie sich die Armen in den Abwässern der herrschaftlichen Wohnsitze waschen: Männer und Frauen und Kinder hocken neben dem Abwasserkanal und versuchen sich in dem Spülicht anderer zu säubern.

Wer hier fließendes Wasser und einen Swimmingpool hat, zahlt etwa acht Dollar monatlich für diesen Luxus. Während die Leute, die nichts haben, sechs Cents für fünfzehn Liter verseuchtes Wasser zahlen müssen, das auf der Straße verkauft wird.

Der offizielle Mindestlohn im Land ist zwei Dollar fünfundsiebzig Cents pro Tag. Doch die meisten armen Leute, die ich treffe, bekommen, sofern sie überhaupt etwas verdienen, zwischen einem und eineinhalb Dollar. Setzt man den Mindestlohn von zwei Dollar fünfundsiebzig Cents in Relation zu den Preisen der Grundnahrungsmittel, so macht ein Liter Milch fünfundzwanzig Prozent aus, ein Dutzend Eier die Hälfte, ein Pfund Fleisch mehr als ein Drittel.

In Port-au-Prince sterben von tausend Menschen zweihundert an Unterernährung.

Während ich durch die Straßen von Port-au-Prince fahre, sehe ich große Transparente mit Papa-Doc- und Baby-Doc-«Philosophie», gesetzt in Goldbuchstaben und besonders prächtig und farbenfroh geschmückt. Da die Rate der Analphabeten sehr hoch ist, können die meisten Leute diese Botschaften nicht lesen, doch wenn der Präsident und sein Wagenkonvoi vorbeifahren, fallen die Armen vor Ehrfurcht auf die Knie.

In den Außenbezirken der Stadt sehe ich prächtige Monumente für die Toten. Eine Gruft neben der anderen, lauter kleine, verzierte Schlösser. Es ist Sitte hier, daß man pompös unter die Erde gebracht wird: «Auch wenn wir auf Erden armselig leben müssen, im Tod wenigstens wollen wir prunkvoll verweilen.»

Zwei Schwestern bewohnen zusammen eine winzige Hütte und bitten mich herein. Wir scheinen gleichaltrig zu sein. Die schüchternere der beiden zieht sich ihr Hemd aus und ein blaugeblümtes Baumwollkleid über ihre zerrissenen Unterhosen. Sie macht ihrer Schwester Zeichen, sich gleichfalls umzuziehen, doch sie wird ignoriert. Ich stehe an der Tür, da es nichts gibt, auf das man sich setzen könnte, nicht einmal eine Decke. Aber ich fühle mich freundlich aufgenommen in diesem Raum ohne Mobiliar. Sie hatten angeblich früher ein Bett, doch da sie nie eine Matratze dazu fanden, verwendeten sie es als Brennmaterial. «Wir verdienen ein bißchen Geld, indem wir für Leute aus der Umgebung kochen. Es ist billiger für sie, als sich Brennmaterial zu kaufen.»

Die Schwestern sehen meine Verwirrung und lachen: «Normalerweise denkt man nicht, daß arme Leute auswärts essen, was? Aber wenn man keine Holzkohle, kein Kerosin und kein Holz findet, dann kann man hier bei uns immer noch eine Portion Gekochtes für wenig Geld kriegen. Weil wir das Feuer für viele Familien brennen lassen.»

Draußen vor ihrer Hütte macht eine Mutter ihr Baby sauber, ein Junge und ein Mädchen vergleichen ihre Hände, ein Mann klaubt seinem Hund Flöhe aus dem Fell.

Das Mädchen steht nur da. Es könnte etwa fünfzehn sein. Auf primitive Krücken gestützt, bettelt die Kleine. Ihr linkes Bein ist schrecklich deformiert, ragt verdreht, im aufsteigenden Winkel, in die Luft. Was für ein Monument der Not! Ich bin erschüttert. Ihr Leiden ist so greifbar – schweigend steht sie inmitten ihres Elends.

Das hübsche, zarte Gesicht des Mädchens steht in so krassem Gegensatz zu seinem verkrüppelten Körper, dem deformierten Bein.

Ihre Stimme ist hoch und klar wie Wasser. Die zwei Schwestern übersetzen mir, während sie spricht.

Sie ist nie zur Schule gegangen. Hat nie eine Arbeit gefunden. Glaubt auch, keine Familie zu haben.

«Wenn ich dieses Bein nicht hätte, würde mein Leben vielleicht besser sein.»

Das Mädchen hat keine Unterkunft, keine Habe. Sie weiß auch nicht, wie alt sie ist. Aber ihren Namen kennt sie:

Charity – Liebe.

Für einen Augenblick taucht das Bild des alten Mannes in meinem Film vor mir auf, wie er seiner Frau aus der Bibel vorliest. Ein Echo – die Worte, die ich vor ein paar Monaten für ihn auswählte:

«Als ich ein Kind war, redete ich wie ein Kind, und war klug wie ein Kind, und hatte kindische Anschläge; als ich aber ein Mann ward, tat ich ab, was kindisch war.

So schauen wir jetzt durch einen Spiegel in ein Rätsel; dann aber von Angesicht zu Angesicht. Jetzt erkenne ich stückweise; dann aber werde ich es erkennen, gleichwie ich erkannt bin.

Nun aber bleibt Glaube, Hoffnung, Liebe, diese drei; aber die *Liebe* ist die größte unter ihnen.»

Es ist Nachmittag und sehr warm. Auf der alten Veranda, wo wir sitzen, scheinen nur die Moskitos, die uns mit ihrem monotonen Summen umkreisen, Energie zu haben.

Ein knochiger, hochgewachsener Mann Ende Sechzig, trotz der Hitze in einem korrekten grauen Flanellanzug, wendet sich an mich. Er ist der selbsternannte Leiter der Gemeinde Fonds Parisien, und Männer aus dieser Region sind um ihn geschart:

«Im Jahre 1947, als dieses ganze Gebiet hier noch Wüste war, hat unsere Regierung beschlossen, ein Bewässerungssystem zu bauen, um das Land fruchtbar zu machen. Dank des Wassers konnten wir Getreide, Bohnen und andere Gemüsesorten anbauen. Nicht nur für uns, sondern auch für die Gemeinden in der Umgebung.»

Der ältere Herr wägt beim Sprechen jedes seiner Worte. Da er bemerkt hat, daß ich mir Notizen mache, hält er nach jedem Satz inne und vergewissert sich, daß ich zu Ende geschrieben habe, ehe er einen zustimmenden Laut von sich gibt und fortfährt.

«Doch 1954 hat der Hurrikan Hazel unser Bewässerungssystem zerstört...» Er wischt sich die Stirn. Die Hitze macht ihm zu schaffen, die Moskitos aber ignoriert er.

«Die Bauern brachten es einfach nicht fertig, die Bewässerungsanlagen wieder zu reparieren, weil wir nicht die Ausrüstung und die technischen Kenntnisse dafür hatten. Dann wurde uns ein Kredit zur Anschaffung einer Wasserpumpe von der Haitisch-Deutschen Handelsvertretung eingeräumt. Vier Jahre später wurde eine zweite Wasserpumpe installiert. Nun hofften wir wieder Bohnen und Tomaten anpflanzen zu können. Doch wir schätzten, daß der Boden nach der Aussaat fünfmal bewässert werden mußte, und die Kosten für die Bewässerung lagen schon bei etwa vier Dollar die Stunde, und die Pumpen begannen kaputtzugehen.»

Zum erstenmal versucht er nach einer der Mücken zu schlagen, die sich auf seinem Nacken niedergelassen hatte. Er verfehlt sie.

«Heute glauben wir nicht, daß wir in der Lage sind, die Pumpen zu benützen.» Er macht eine lange Pause. Mir wird klar, daß er die Wichtigkeit dessen, was er nun sagen will, durch eine Pause betont. Einen Augenblick trauern wir gemeinsam über das Mißgeschick. Dann fährt er fort:

«Die Bauern hier sind sehr müde und wissen nicht, was sie tun sollen. Neunzig Prozent von uns sind Katholiken, aber wir haben noch nicht einmal eine Kirche bauen können. Wir können den nächsten kirchlichen Feiertag nicht feiern, weil wir unsere Bohnen nicht anpflanzen können.»

Der Gemeindeobmann von Fonds Parisien erhebt sich langsam. Er geht auf mich zu, streckt eine trockene, faltige Hand aus, hält meine beiden Hände für kurze Zeit in der seinen, während er mir feierlich in die Augen schaut. Dann geht er zurück an seinen Platz.

«Ich wünschte, Ihr Besuch bei uns würde unser Problem lösen.»

Wie soll ich ihnen erklären, wie wenig Möglichkeiten ein einzelner, zufälliger Besucher hat, ihr Leben zu verändern, nachdem ein Hurrikan namens Hazel ihren Anbau zum Erliegen brachte?

Ich sitze schon in einem Jeep und will Fonds Parisien verlassen. Ein junges Mädchen steht abseits der Menschenmenge. Als ich mich umdrehe und ihrem Blick begegne, zeigt sie langsam und lautlos auf ihren Magen.

Ich weiß, daß ich jetzt nicht aus dem Wagen aussteigen und ihr Geld geben kann. Zu viele unglückliche und enttäuschte Menschen schauen her – und warten, wie sie. Was soll ich tun? Welche Entscheidung treffen?

Ich wende mich ab.

Eine sehr alte Frau in einem Flüchtlingslager in Afrika mit einem Häufchen getrockneter Nüsse in ihrem Schoß. Ich setze mich neben sie und beobachte, wie sie von ihrer Ration einem kleinen Jungen etwas abgibt. Sie schaut mich an, und wortlos schält sie eine Nuß und steckt sie mir in den Mund.

Sie möchte, als wir ihr Hospital für die Armen besichtigen, daß ich einen Kittel über mein Kleid ziehe. Es ist mein letzter Tag in dem Land, dessen Präsident auf Lebenszeit ihr Ehemann ist.

Meine Kittelschürze ist gelb und sehr modisch. Die ihre ist rosa. Dieses Gebäude ist das sauberste, das ich in Haiti gesehen habe, die Fußböden glänzen. Jedes Zimmer ist farblich auf die Möbel und Bettdecken abgestimmt. In der Kinderabteilung warten in jedem Kinderbett kleine Puppen. An den Wänden hängen Bilder mit Blumen, Vögeln und Schmetterlingen. Hübsche Vorhänge aus dem gleichen Stoff wie die Bettüberwürfe. Die Laboratorien verfügen über die modernsten Geräte, und die Operationssäle sind mit den neuesten und teuersten Einrichtungen ausgestattet.

Aber es gibt, von einigen wenigen Babys abgesehen, keine Patienten hier. Ich frage sie, warum.

Die First Lady von Haiti:

«Bedauerlicherweise haben wir noch nicht die richtigen Fälle gefunden.»

Draußen begegne ich fünf Männern. Sie ziehen wie Pferde einen riesengroßen, mit Holz beladenen Wagen. Sie schwitzen und sehen in der furchtbaren Hitze so aus, als würden sie gleich umkippen.

Ihr Tageslohn beträgt im besten Fall einen Dollar.

In den Überresten einer winzigen Hütte lebt ein alter Mann. Jemand hat über seine Tür geschrieben: «Der Reichtum eines Menschen ist vor allem seine Gesundheit und dann seine Arbeit.»

Könnte er es sehen, er würde das Krankenhaus, aus dem ich gerade komme, bewundern, wo Schwestern in ihrer Tracht und Ärzte auf die richtigen Fälle warten. Sein Bett ist mit einem Netz bedeckt, und die Frau, die mich zu ihm geführt hat, sagt, die Nachbarn wollten, daß er ausziehe. Er riecht entsetzlich, und eine schwarze Wolke aus Fliegen umgibt ihn. Sein Kopf, grotesk groß, ist teilweise mit einem Tuch bedeckt. Ich nehme an, daß es ihn vor der Sonne schützen soll. Dann hebt die Frau das Tuch hoch, und ich sehe sein Gesicht, über und über blau von etwas, das vermutlich Krebs ist. Würmer kriechen darin herum, Würmer, die die Frau jeden Morgen wegzuwischen versucht.

Aus einem dünnen, alten Körper, der noch lebt, höre ich eine verängstigte Stimme um Gnade flehen.

Ich reise jetzt schon lange Zeit herum, und ich bin entschlossen, das auch weiterhin zu tun.

Die so unterschiedliche Art, wie Fremde meine Haut berührt haben, all die neuen Stimmen, die mit ihrem warmen Atem mein Ohr streifen, wenn ich den Bruchstücken aus einem Leben lausche.

Auch wenn meine Familie und meine Freunde weit von mir sind, bin ich doch keinen Augenblick einsam. In gewisser Hinsicht bin ich ihnen vielleicht näher als dann, wenn ich nach Hause zurückkomme und nicht weiß, wie ich ihnen das, was ich erlebt habe, vermitteln soll.

Ich habe Fotos von Kindern vor mir liegen, deren lachende Gesichter für immer das Vertrauen verewigen. Frauen, in erregtem Gespräch oder in sanfter Bewegung, alle auf meiner Filmrolle festgehalten. Frauen, die mir das Versprechen abnahmen, sie nicht zu vergessen.

Ich möchte, daß sie mir gegenwärtig bleiben, aber ich befürchte, daß der Alltag meines Lebens ihre Bilder verwischen wird.

Meine Großmutter erzählt mir von einem Hund, den sie sehr liebte und der starb, und daß sein Tod sie jetzt nicht mehr so schmerzt wie früher. Voll Bedauern sagt sie mir, daß die Zeit alle Wunden heilt, daß sie den Schmerz und die Sorgen tilgt.

Ich frage mich, warum sie das traurig macht.

Ich will nicht in die alte Routine zurückschlittern, lehne Rollenangebote ab, rechtfertige mich damit, daß mir die Motivation fehle. Die Wahrheit aber ist, daß ich befürchte, den Kontakt zu jenem Gefühl von Wirklichkeit und Mitleid zu verlieren, das Menschen in mir geweckt haben, die ich vermutlich nie wiedersehen werde.

Nur Linn ist die Brücke zwischen meinen neuen Erfahrungen und meinem Leben zu Hause. Ihre Kümmernisse und Freuden gestatten mir auf seltsame Weise, auch an meinem Unterwegssein festzuhalten. Und wenn ich sehe, wie sich ihr schöner, schlanker Körper dahin und dorthin bewegt in freudiger Erwartung des Frauseins – ihre Augen, die in einem Moment strahlen, im nächsten voll Tränen der Ungeduld sind, ihre plötzlichen Umarmungen und Beichten und ihr wunderbarer neuer Schwung, wenn ich all das beobachte, wird mir bewußt, daß auch sie Heimweh in mir weckt.

Heimweh nach meiner Jugend. Heimweh nach den Tagen, da alles möglich war.

Ich bin nicht nur für einen Zweck unterwegs. Ich suche nach meiner verlorenen Kindheit – den Tagen, da Träume und Wirklichkeit ineinander verwoben waren.

Ich denke daran, wie oft ich die Wahl hatte und nichts davon wußte. Und an all die Entscheidungen, die ich andere für mich treffen ließ – um zu gefallen, aus Angst, aus Liebe. Was ist aus ihnen geworden, diesen Entscheidungen, die ich niemals traf?
Sie alle sind ein Teil von mir. Sie sind das Vermächtnis, das ich hinterlasse, das fertige Bildnis meiner selbst, das ich nicht verändern kann.

Ich besuche mit einem Filmteam Auschwitz. Wir machen einen Dokumentarfilm über Kinder, die den Holocaust überlebt haben.

Eine der anwesenden Frauen war als kleines Kind in diesem Lager. Hannah ist klein, hübsch und sehr zurückhaltend, wenn sie auf Einzelheiten ihrer so weit zurückliegenden Erlebnisse eingeht:

Stumm hatte sie zugesehen, als man ihr gewaltsam ihre Mutter, ihren Vater und ihren kleinen Bruder entriß, war ihnen nicht nachgelaufen. Später sah sie ihre

Mutter nackt in einer Reihe von Menschen stehen, den Tod vor sich. Sie sagt, sie habe nicht geweint.

Als sie ganz klein war, hatte die Mutter ihr ein hübsch verpacktes Kleid aus wunderschönem Samt gegeben. «Ich mag Blau so gern», hatte die Mutter gesagt und ihr das sommerblaue Kleid angehalten.

An einem sonnigen Nachmittag in Auschwitz folgen eine Kamera und ein Team den Spuren einer kleinen Frau.

Sie geht von einer Stelle zur anderen, und es ist für mich als Interviewer schwierig, sie zum Reden zu bringen.

Sie betritt das Krematorium mit seinen großen, schwarzen Öfen, und hier ist es plötzlich kalt.

Ich ziehe meinen Pullover über, sie macht nichts. Sie steht schweigend da, den Kopf gesenkt, den Blick auf den Steinfußboden geheftet.

Später, als das Team mit Kamera und Scheinwerfern weg ist, sitzt eine einsame Gestalt auf dem Gras und weint lautlos.

«Wissen Sie, ich mag Blau als Farbe auch am liebsten.»

Auf dem Heimflug in einer lärmenden Maschine taucht die Erinnerung an ein kleines Waisenmädchen in Khao I Dang auf, dem ersten Flüchtlingslager, das ich je besuchte. Die Kleine war tagelang zu Fuß gegangen, nachdem sie mit angesehen hatte, wie ihre Eltern von den Pol-Pot-Leuten in Kambodscha ermordet wurden. Schließlich erreichte sie, als sie die Grenze passiert hatte, halbtot dieses Lager. Als ich mich neben sie setzte, weigerte sie sich zu reden. Ein kleines Mädchen, staubbedeckt, in einem Lager, in dem nur für die einfachsten Lebensbedürfnisse gesorgt ist. Es ist sehr heiß. Plötzlich macht das Kind den Mund auf, und eine kristallklare Stimme beginnt in den Himmel hinauf zu singen – so voller Sehnsucht. Ein Kind, das zögernd und verstohlen seine Hand in meine schiebt, während es etwas singt, das seine Mutter ihm einmal beigebracht haben mochte.

Ich packe meine Koffer aus. Linn ist bei mir. «Mama, ich hatte immer Angst, wenn du auf deine Reisen gingst, ich dachte oft, du würdest nicht mehr zurückkommen. Und daß du alle anderen lieber hast als mich. Aber wenn du jetzt wegfährst, verstehe ich das, und manchmal fehlst du mir nicht mal. Eines Tages möchte ich gern mit dir fahren. Meinst du, das ginge?»

Eine Erinnerung an Linns Kindheit:

Am sechzigsten Geburtstag ihres Vaters – sein Haus war voll von Freunden und Verwandten – wanderten die beiden Hand in Hand zum Meer hinunter. Ihr Vater fragte sie – damals war sie erst neun –, was sie tun würde, wenn sie einmal sechzig sei. Sie dachte eine Weile nach und sagte, ein Fest feiern, wie er, aber nur mit Freunden – nicht mit Verwandten. Aber vielleicht würde sie ihre Mutter einladen, die als frühere Schauspielerin käme, ganz alt und nur noch albernes Zeug redend.

Ihr Vater sah sie an und sagte: «Und was ist mit

deinem Vater? Du bist zu meinem sechzigsten Geburtstag gekommen. Würdest du mich nicht auch einladen, in fünfzig Jahren?»

Sie wandte sich ihm zu, zögerte lange, und dann lachte sie erleichtert auf und sagte: «Oh, Papa! Ich werde meine Party haben, und wenn der Abend schon zu Ende geht und alle tanzen und trinken und essen, werde ich ganz allein hinunter zum Meer gehen, und dann wirst *du* oben auf den Wellen angetanzt kommen.»

Linn fragt mich: «Liebst du Abel?»

«Früher hat er mich glücklich gemacht. Wir haben viel zusammen gelacht. Manchmal hat er mich verletzt, ohne es zu wissen. Jetzt bin ich meistens wütend. Er sagt, er vermisse meine Verletzlichkeit. Er versteht nicht, daß ich stolz bin auf meine Kraft.»

Meine Tochter erzählt mir: «Ich war einmal verliebt. Er sagte mir, ich solle nur Gemüse essen. Und er machte lange Spaziergänge mit mir. Wenn wir allein waren, wollte er mich über die Welt aufklären. Aber er hat mich niemals angerührt. Ich wollte so gern, daß er meine Hand nimmt. Er ist zweiundzwanzig, und er ruft nie mehr an. Ich glaube, daß ich ihn mehr liebte.»

«Als ich in deinem Alter war, verbrachte ich Stunden mit meinen Freundinnen, und wir machten Pläne für unser ganzes Leben. Wir hatten alle die gleichen Träume und nahmen uns so viel vor. Aber mehr als über alles andere phantasierten wir über die Liebe.»

«Als ich zum erstenmal verliebt war, warst du so nett. Er wollte mich nicht. Ich war zwölf und fühlte mich sitzengelassen. Du sagtest mir, du wüßtest, wie schrecklich weh das tut. Und du hast mir warmen Tee ans Bett gebracht und dich zu mir gesetzt.

Und einmal, da war ich erst zwölf oder dreizehn, bin ich nachts, als du schon geschlafen hast, heimlich aufgestanden. Ich habe mir ein langes, schönes Kleid angezogen. Dann hab' ich mich richtig dick geschminkt und mir einen großen Hut mit Blumen aufgesetzt. Und dann bin ich hinaus auf die Straße gegangen. Ich mag unsere Straße so gern.

Aber es waren keine Leute und keine Autos auf der Straße – nur die stillen, dunklen Häuser. Und ich lief mitten auf der Straße auf und ab und hob meine Arme zum Himmel. Und zuletzt legte ich mich mit ausgebreiteten Armen hin und fühlte mich so wunderbar frei. Es war niemand da, der mir sagte, was ich machen soll. Ich war ganz allein. Das ist meine schönste Erinnerung.»

Sie ist sechzehn.

Ich liebe sie so sehr. Wenn ich ihr zusehe, befällt mich Bedauern, daß sie bald nicht mehr die sein wird, die sie heute ist. Die ich in so zärtlicher Erinnerung habe.

Wie soll ich ihr das Fließen der Zeit erklären, während sie sich noch vollkommen dem Augenblick eines Kummers oder dem kurzen Aufleuchten von Glück hingibt.

Die Zeit spielt in ihrem Leben eine so ganz andere Rolle als in meinem, wo Zeit Arbeit und das Wissen um die Sterblichkeit bedeutet. Den Drang zu feiern, ehe es zu spät ist.

Die Zeit – Momentaufnahmen von Menschen, die einmal anders aussahen, eine Blende, die sich vor der Sterblichkeit öffnet.

Die Zeit – all das, was sich zwischen das, was ich bin, und das, was ich einmal war, geschoben hat.

Ich möchte sie fragen, wie das Meer riecht und ob sie jemals mit den Vögeln auf ihrem Fensterbrett auffliegen wollte, ob Heidelbeeren sie mit Geborgenheit erfüllen, und was sie empfindet, wenn der Himmel sich in Sterne kleidet.

Vor nicht so langer Zeit war sie noch ein Kind.

Als Linn zwei Jahre alt war, kam ihr Vater zu einem seiner seltenen Besuche.

Und sie spazierten zusammen in den tiefen Schnee hinaus.

Es war sehr kalt, und sie trug ihren Wintermantel und ihre neuen warmen Stiefel.

Vater und Tochter liefen schweigend nebeneinander her.

Nach längerer Zeit wurde ihm bewußt, daß die Zweijährige müde war, und er nahm sie auf den Arm und trug sie. Beide schauten nach vorn, das eine Profil eine Miniatur des anderen, Schneeflocken peitschten ihnen ins Gesicht. Keiner sagte ein Wort.

So verging der Nachmittag.

Als die Dämmerung hereinbrach, hörte er zum erstenmal ihre dünne Stimme; sie saß noch immer kerzengerade auf seinem Arm, das Gesicht dem Wind zugekehrt wie seines.

Er hörte sie sagen: «Meine Großmutter hat mir ganz neue Stiefel gekauft.»

Und erst da bemerkte er, was sie verloren hatte. Er sah ihre nackten, frierenden Füße.

Ein flüchtiger Blick auf zwei Frauen in einem Zelt in Kenya drei Jahre zuvor: Eine kleine Frau schaut auf ihre Brüste hinunter, die nicht mal erbsengroß sind. Die andere Frau beobachtet sie und hat plötzlich die zärtliche Erinnerung an vergangene Zeiten, als sie hoffte, daß über Nacht ein Wunder geschehen und sie morgens mit zarten, runden Brüsten aufwachen werde.

Heute, mit sechzehn, ist Linn voll aufgeblüht. Eine Frau hat von dem mageren Körper Besitz ergriffen. Das Leuchten ihres Gesichts hat sich verändert, und ihr Haar hat einen ganz neuen Glanz bekommen.

Ja, ein Fünkchen Neid ist dabei, wenn ich heute mein Kind ansehe: Früher war ich es, heute ist es sie, die noch alles vor sich hat. Wie privilegiert sie ist, ohne es zu wissen! Es gibt mir einen winzigen Stich in der Magengegend, auch wenn ich ihr nicht das Recht, noch alles vor sich zu haben, streitig machen will; dennoch wünschte ich – ich wünschte mir, daß ich es wäre.

Nun stehe ich in der *Lebensmitte*, beobachte, wie ein kleines Mädchen zur Frau wird. Es ist ungeheuer erschreckend und schön anzusehen.

Manchmal ertappe ich mich dabei – oder sie tut es –, daß ich versuche, sie auf meinen Pfad zu führen. Versuche, ihr Sorgen zu ersparen, die einmal meine eigenen waren.

Wie kann ich mir einbilden, ich könnte jemandem helfen, den harten Kanten des Lebens zu entgehen? Wie kann ich glauben, daß sie und ich das gleiche Leben zu bewältigen haben? Wie kann ich annehmen, daß wir annähernd die gleichen Entschlüsse fassen möchten?

Schau, wie der Fluß stolz seinem eigenen Lauf folgt. Der Fluß meiner Kindheit taumelt dahin auf seinem Weg zum Meer.

Schau, wie das Wasser zuerst seiner Quelle entfließt und nach dem Entschwinden erneut wiederkehrt im Regen.

Meine Großmutter erzählt mir, daß alles ständig im Fluß ist.

Ein Ding folgt dem anderen, alles ist unterwegs.

Ich bin Teil dieses ewigen Kreislaufs – gleiche dem Erdreich, das stetig von den Bergen gespült wird.

Um mit den Wassern zugleich unterirdisch weiterzuströmen.

«Schau die Blumen am Ufer», sagt die alte Frau zu mir, «sieh, wie begierig sie trinken, die Wurzeln vom Wasser umspült.»

Der Fluß meiner Kindheit auf seinem Weg zum Ozean.

«Er ist gesegnet», sagt meine Großmutter.

Und im Licht der Sonne fließt der Strom dem Himmel entgegen.

«Vor Sonnenaufgang kehrt er als Tau zurück, um die Pflanzen zu krönen.

Schau doch, wie alles, von dem wir ein Teil sind, in Bewegung ist – der Fluß und die Bäume und die Blumen und das Moos und sogar ich selbst – wir alle sind gesegnet.

Schau, wie der Fluß seinem Weg folgt», flüstert sie. «Ihn aufzuhalten hieße das Leben aufhalten.»

«Du mußt spielen», sagt Abel zu mir. «Worauf wartest du? Vergiß nicht, daß dein wahrer Beruf das Theater ist. Wie willst du je als Sprecherin für die namenlosen Kinder auftreten können, wenn du bloß hiersitzt und sie beweinst? Du gehörst auf die Bühne.»

Ich bin mir da nicht so sicher.

«Denk an die Nachwelt.»

«Offen gesagt, die Nachwelt hat nie etwas für mich getan.»

«Was erwartest du dann eigentlich vom Leben?» fragt Abel.

«Vielleicht, daß ich seinen Sinn begreife. Vielleicht, von den Gespenstern der Vergangenheit frei zu sein. Vielleicht, ständig in Bewegung zu sein. Vielleicht bin ich eine skandinavische Eiche, Abel.»

Er schaut mich an.

«Hast du noch nie von ihnen gehört, Abel? Sie wuchsen einst hoch oben im Norden, als es dort noch warm war. Eines Tages mußten sie irgendwie die Botschaft erhalten haben, daß ein Klimawechsel bevorstehe. Und dann fingen sie an zu wandern. Von da an ließen sie ihre Eicheln nur noch an einer Seite des Baumes – der Südseite – wachsen, denn das war die Richtung, auf die sie sich zubewegten. Jeder Baum, der heranwuchs, ließ seine Fortpflanzung nur in südlicher Richtung zu. So wanderte die skandinavische Eiche über Millionen von Jahren, bis sie sich schließlich in Spanien niederließ.»

Er lächelt mich an.

«Also bist du jetzt eine wandernde Eiche? Wovon wanderst du fort? Wohin?»

«Ich weiß es nicht, Abel. So wie sie, habe ich irgendwie eine Botschaft erhalten.»

Ich nehme als Frau Alving in Henrik Ibsens
Gespenstern *ein zeitlich begrenztes*
Engagement am Kennedy Center und später am
Broadway an.
Ehe dieses Stück überhaupt uraufgeführt wurde,
schrieb Ibsen an seinen Freund Hegel: «Die
Gespenster *werden vielleicht in einigen Kreisen*
Bestürzung auslösen. Sollten sie das nicht bewirken,
hätte ich sie nicht zu schreiben brauchen.»
Ich hoffe, daß wir mit einer Inszenierung
herauskommen, bei der das Publikum auch heute
noch bestürzt reagiert.

Vor einem Jahr, als ich gerade in Norwegen war, habe ich die telegrafische Anfrage bekommen, ob ich in Henrik Ibsens *Ghosts* spielen würde. Dies mußte wohl der englische Titel für *Wenn wir Toten erwachen* sein, fast mein liebstes Stück von Ibsen. Ich bin genau im richtigen Alter für die Hauptrolle der Irene, von der ich mir schon während meiner Zeit beim Theater immer gewünscht hatte, sie eines Tages spielen zu können. Ein Telegramm geht zurück in die USA: «Übernehme liebend gern Angebot für *Ghosts.*»

Ein halbes Jahr lang lese und arbeite ich an Ibsens herrlichem Meisterwerk über Kunst, Träume und Tod. Eines Tages fragt mich ein Freund: «Wie heißt das Stück auf englisch?»

«*Ghosts – Gespenster.*»

«Gespenster? Oh, Liv – das ist ein anderes Stück – das ist die Rolle der Frau Alving.»

Ich hab also zugestimmt, eine Frau zu spielen, die Jahre älter ist als ich. Und nun hat mir mein Handicap, als Norwegerin im englischen Sprachbereich zu arbeiten, einen bösen Streich gespielt.

Meine Verlegenheit ist zu groß, um zurückzutreten.

Gespenster ist ein Stück über die Angst, das Drama von Menschen, die es nie mehr wagen, nach ihren eigenen Entscheidungen zu leben, weil sie zu sehr den Gesetzen der Konvention unterworfen sind.

Es ist das Drama eines jungen Mannes namens Osvald, der sich nach Sonne sehnt, frei von den Schatten der Vergangenheit; dem die Künste, die Sonntage und die Liebe das Höchste sind, der aber Angst hat, daß ihm die Freuden des Lebens nie vergönnt sein werden, da die Regeln einer stagnierenden Gesellschaft, der «Gespenster», ihn zu ersticken drohen.

Ich soll seine Mutter darstellen, eine belesene Frau, die zwar in Jahren der Einsamkeit weise geworden ist, doch niemals auszusprechen wagt, was sie verstehen lernte, und sich lieber hinter einem Lügengebäude versteckt. Die Gespenster heraufbeschwört, während sie versucht, sie zu vertreiben.

Ich glaube, daß ich das Wissen und die Erfahrung habe, dieser Inszenierung zum Erfolg zu verhelfen.

Da das Stück für Amerika neu bearbeitet werden soll, werde ich um eine wortgetreue Übersetzung aus dem norwegischen Original ins Englische gebeten. Damit bin ich fast den ganzen Dezember beschäftigt; die Arbeit macht mir ungeheuren Spaß.

Abel kommt nur langsam mit seinem Buch voran. Mit einer einzigen Seite müht er sich tagelang ab, aber wenn er mir dann manchmal vorliest, was er geschrieben hat, bin ich ergriffen. Er findet so schöne Bilder, auch wenn sie meist von Schmerz erfüllt sind. Mag sein, daß seine leidenschaftliche Seele immer den Schmerz suchen, daß sie ihm ein mögliches Glück versagen wird.

Wir arbeiten im Wohnzimmer. Die eine Seite des großen Schreibtisches ist von Sorgen umgeben – die andere mit Gespenstern konfrontiert.

Schon jetzt spüre ich in mir die Frau, die ich darstellen soll. Ich spreche leise ihre Worte und stelle mir vor, was sie denkt. Leuchtend erwacht sie in dem roten Zimmer, wo ich sitze, zum Leben. Ich habe ihr Gesicht schon einmal gesehen, als ich vor einer Verkehrsampel warten mußte. Ein blasses, trauriges Gesicht hinter einer Fensterscheibe, das Porträt eines verlorenen Lebens, das in einem vorbeifahrenden Wagen entschwand.

Während ich an einem Schreibtisch sitzend Ibsens Drama übersetze, bin ich vom Zauber und den Möglichkeiten meines Berufs überwältigt.

Bei der Arbeit an dem Stück, das vor hundert Jahren in Wut und Qual geschrieben wurde, freue ich mich auf die Proben.

Ich hoffe, daß wir so viel Zärtlichkeit zwischen Mutter und Sohn glaubhaft machen können, daß das Publikum, wenn sie ihn am Ende verliert und alles vorbei ist, erschüttert von ihrem bemitleidenswerten Kampf und Verlust zurückbleibt.

Als sie hört, daß er sterben will, umarmt sie ihn leidenschaftlich wie einen Geliebten. Sie ist wie ein reißender Strom.

Die geballte Energie von Menschen, die das Schicksal herausfordern: eine Mutter, die den Göttern Trotz bietet, um ihr Kind zu retten.

Und dann suchen die Gespenster sie heim wie eine Strafe. Sie ertrinkt.

Der Tod hält Einzug im Haus.

Ibsen schreibt, daß sie schreit. O ja. Der Schmerz ist so groß, daß er wie Blut durch den Körper pulsiert. Und dann verebbt er auf immer.

Ihr Schrei ist ein fast lautloses Keuchen.

Probenarbeit

1. Tag. Alle kommen zur ersten Leseprobe des Stücks zusammen. Zum erstenmal mache ich mir Sorgen über die Interpretation der Frau Alving. Sie scheint eigentlich nur auf die anderen Charaktere zu reagieren. Werden mir die verschiedenen Schauspieler die entscheidenden Elemente liefern, um entsprechend reagieren zu können?

Der Regisseur ist jung und sehr enthusiastisch. Er sagt nicht, worum es seiner Meinung nach im Stück geht oder was sich die einzelnen Personen erhoffen oder was sie fürchten, auch wenn er uns bittet, unsere eigenen Gedanken dazu aufzuschreiben.

2. Tag. Der Regisseur möchte nicht, daß wir den Text benützen. Statt dessen improvisieren wir verschiedene Szenen. Ich weiß nicht, inwiefern unsere Improvisationen einen Bezug zum Stück haben. Dennoch macht es mir Spaß.

3. Tag. Wir arbeiten noch immer nicht mit Ibsens Text, und wir warten noch darauf, daß uns der Regisseur sein

Gesamtkonzept des Stückes erläutert. Es herrscht jedoch eine sehr nette und freundliche Atmosphäre, und wir beenden den Tag mit Champagner.

4. Tag. Heute vertauschen wir die Rollen: Ich spiele Pastor Manders, er spielt Frau Alving, und so weiter. Immer noch kein Ibsen. Wann dürfen wir endlich den authentischen Text benützen? Nachdem wir genügend über John Neville als Frau Alving und mich gelacht haben, die aus Pastor Manders eine Farce machte, sind wir es müde und fangen an, über die Falklandkrise zu diskutieren. Später unterhalten wir uns über Tierkreiszeichen. Es stellt sich heraus, daß die meisten der an dieser Inszenierung Beteiligten im Zeichen des Stiers geboren sind. Dann improvisieren wir noch eine Weile: Ich soll so tun, als käme ich zu meinem Mann nach Hause, der dahintergekommen ist, daß ich ihm seit zehn Jahren untreu bin.

Es gibt keinen Ehemann in *Gespenster*, aber der Regisseur meint, es könnte interessant sein, John einen Ehemann spielen zu sehen. Er bemüht sich wirklich sehr intensiv um eine wirklichkeitsnahe Improvisation und fängt schließlich an zu weinen. Als er weint, erinnert er mich an den Wissenschaftler, den ich einmal liebte. Das macht mich traurig, und ich fühle mich entfremdet, weil meine Gedanken in meine private Vergangenheit zurückgehen. Ich weiß nicht, was das alles mit *Gespenster* zu tun haben soll, da es nie in Beziehung zu dem Stück gesetzt wird.

5. Tag. Zum erstenmal dürfen wir das Textbuch benützen, doch man sagt uns, wir sollten uns nur auf *ein* Gefühl konzentrieren. Ich werde aufgefordert, nur den Haß zu spielen und «meinen Haß als Mutter» zu benützen. Ich kann mich nicht entsinnen, mein Kind je gehaßt zu haben. Etwas in sich selbst zu erforschen, mag ganz schön sein, aber ich weiß nicht, ob das der fertigen Inszenierung zugute kommt. Haß paßt kaum zu dem, was Ibsen über Frau Alvings Gefühle zu ihrem Sohn geschrieben hat. Der Regisseur sagt mir, ich solle mir keine Gedanken machen.

6. Tag. Wir beginnen heute mit der Arbeit am zweiten Akt, auch wenn es für den ersten Akt noch keine Stellprobe gegeben hat. Auch der zweite Akt wird nicht gestellt. Wir sitzen lediglich um den Tisch und lesen laut die Szenen. Ich möchte nicht länger nur Frau Alvings imaginären Haß spielen und bitte den Regisseur, ob ich dem Haß nicht auch etwas an Demütigung und Sorgen hinzufügen darf. «Wenn du möchtest», sagt er. Jemand schickt nach rohem Fleisch zum Mittagessen.

7. Tag. Wir konzentrieren uns auf die Szene zwischen Manders und Engstrand im zweiten Akt. Frau Alving hat hier keinen Text zu sprechen, und da wir keine Stellungen festlegen, habe ich keinerlei Funktion dabei. Ich fürchte, daß uns nur noch sehr wenig Zeit bleibt zu ergründen, warum und wie sich diese Menschen bewegen. Raquel Welch probt im gleichen Stockwerk ein Musical. Sie kommt uns besuchen. Jeder von uns begrüßt die Unterbrechung, und wir erzählen uns gegenseitig Witze, bis es Zeit zum Mittagessen ist.

Ich bin mehr und mehr in Sorge, daß bis jetzt noch überhaupt keine Stellungen festgelegt sind, über die Konzeption des Stücks noch nicht diskutiert wurde und wir die meiste Zeit nur improvisieren. Ich habe das Gefühl, als würde nichts Wirkliches getan. Plötzlich habe ich den Eindruck, wir gehören alle einem Aufklärungstrupp junger Pfadfinder an. Ich wünschte, ich wäre anderswo. In mir trage ich die Bilder von Äthiopien – von Thailand. Die Realität ist anderswo – weit weg von diesem Raum, in den ich den ganzen Tag eingeschlossen bin.

8. Tag. Pastor Manders ist in Kanada, um einen Film fertigzudrehen. Wir setzen uns hin und lesen den zweiten Akt ohne ihn, ein Akt, in dem er die dominierende Figur ist. Warum können wir nicht an den Szenen zwischen meinem Sohn und mir arbeiten? Der Darsteller des Osvald ist jung und hat nie zuvor an einer großen Bühne gespielt.

Wir diskutieren die englische Übersetzung von «Livsglede». Im Textbuch steht «Leidenschaft und Leben». Doch «Lebensfreude» kommt dem, was Ibsen meinte, näher, und wir ändern es.

Heute wird wenig getan; meist korrigieren wir nur den Text. Als wir *endlich* an einer Szene zwischen meinem Sohn und mir arbeiten, *sitzen* wir, da noch immer keine Stellungen geprobt sind. Ich werde aufgefordert, eine Szene einmal so darzustellen, daß ich ihn liebe, und dann, als liebe ich ihn *nicht*. Ich wünschte, wir probten das *Stück*.

9. Tag. Wir sind noch immer beim zweiten Akt. Manders ist zurück. Zum erstenmal arbeitet der Regisseur an Stellungen. Da er selbst keine vorbereitet hat, schiebt er uns herum, will sehen, wie es aussieht: Geh hierher, geh dorthin. Ich fühle mich sehr unwohl. Die Stellungen, die dabei herauskommen, stimmen nicht mit dem überein, was wir zu sprechen haben, und die handelnden Personen bewegen sich nie im Einklang mit der Logik der Situation. Ich frage den Regisseur, ob ich nicht ruhig dastehen kann, bis klar ist, *warum* sie geht. Er sagt: «Hör zu, ich bin berühmt für meine Gänge.» Ich weiß nicht, was ich darauf antworten soll.

10. Tag. Osvald und ich sollen die lange gefühlvolle Szene im zweiten Akt unter dem einzigen Aspekt spielen, daß er mich haßt. Ich soll keine Emotion zeigen.

Nachdem er mich eine Weile gehaßt hat, werde ich wütend. Mißbilligend schaue ich den Regisseur an, während meinen Zorn mein Sohn zu spüren bekommt.

Der Berg vor uns wird höher und höher. Ich weiß nicht, wie ich das durchstehen soll.

11. Tag. Der Inspizient, sein Assistent und die anderen Kollegen schauen im Sitzen den verschiedenen Stellungsimprovisationen zu. Das ist dem Regisseur unangenehm, und er bringt mich und meinen Sohn zu einem kleinen Nebenraum. Dort setzen wir uns mit unseren Textbüchern hin und lesen einander vor.

12. Tag. Dies wird der letzte Eintrag in mein kleines Notizbuch über die Proben zu *Gespenster* sein.

Wir spielen Ibsen, bei dem es so viele Schichten zu entdecken gibt, und am zwölften Tag unserer einundzwanzig Probentage ohne Publikum haben wir noch immer nicht mit den Stellungen für den zweiten Akt angefangen. Den dritten Akt haben wir gerade einmal bei unserer ersten Durchsprechprobe gelesen.

Adieu, Frau Alving! Adieu, ihr süßen Träume!

Ich habe mich als Schauspielerin Jahre und Jahre an die Spielregeln der anderen gehalten. Habe Regisseuren und Produzenten und Schauspielerkollegen erlaubt, die Regeln und Grenzen bei der Entwicklung unserer gemeinsamen Arbeit festzusetzen: Während ich es im Leben in steigendem Maße fertigbringe, meine Entscheidungsfreiheit zu beanspruchen, tendiere ich in meinem Beruf meist dazu, mich unterzuordnen.

Ich war, wenn ich zuweilen protestierte und Änderungen verlangte, nie besonders gut darin, oder man hörte nicht auf mich. Immer zu gefallen bemüht, akzeptierte ich die Argumente anderer allzu leicht.

Man braucht Kraft, die Dinge auf seine eigene Art zu tun, da jeder Mißerfolg auch von einer falschen Entscheidung abhängen kann. Man braucht einen Stolz, der nicht zusammenbricht, sowie jemand einem sagt, daß man sich irre, oder man sich tatsächlich irrt.

Die Klugheit gebietet, daß ich im Verlauf meiner Entwicklung wieder und wieder versuche, nach der Wahrheit in meinen tiefsten Gefühlen zu suchen, bis ich in der Lage bin, nach eigenem Ermessen zu handeln.

Als wir endlich mit *Gespenster* herauskommen, vergleicht ein Kritiker meine Kraft und meine Ausstrahlung auf der Bühne mit der von Sonne und Mond. Ein anderer schreibt, die überraschendste Neuigkeit des Tages sei, daß ich überhaupt nicht spielen könne.

Bei einer Talkshow während der Laufzeit der *Gespenster* werde ich gefragt, ob ich eine der bekannten Textstellen aus dem Stück anspielen könnte, nur um den Fernsehzuschauern eine Kostprobe zu geben.

Ich möchte zwar dem Interviewer, den ich mag, den Gefallen tun, muß aber ablehnen. Ich kann nur auf der Bühne spielen. Ich bin keine Marionette. Ich habe keine Veranlassung, den Leuten zu beweisen, daß ich an jedem

Ort und zu jeder Zeit vorgetäuschte Gefühle in Wirklichkeit umsetzen kann. Es wäre so, als wollte ich meine Seele verkaufen, und billig dazu.

Ich habe eine berühmte Schauspielerin in der Sendung «Sechzig Minuten» gesehen. «Weinen Sie», sagte man ihr. Und sie weinte. Große Tränen liefen ihr die Wangen herunter. Ich werde nie mehr an ihre Aufrichtigkeit glauben.

Dick Cavett sagte mir einmal: «Sie sind Schauspielerin; sagen Sie zu mir ‹Ich liebe dich› auf eine Art, daß ich es glaube.» Natürlich könnte ich zu Dick Cavett sagen: «Ich liebe dich», wenn ich ihn liebte; aber ich wollte nicht bei einer Fernsehsendung schwindeln, nur um zu zeigen, daß ich überzeugend «ich liebe dich» sagen kann. Das hat nichts mit Schauspielkunst zu tun.

Ich würde mir vorkommen wie ein Zauberkünstler, der versucht, etwas aus einem leeren Zylinder herauszuholen. Nur um das Publikum zufriedenzustellen.

Beim Spielen hat man es mit etwas außerordentlich Zerbrechlichem zu tun. Mit etwas Unausgesprochenem in einem selbst, und das zu erklären, ist nahezu unmöglich. Auch das Ziel ist das Unmögliche. Es ist der Stoff, der den Stoff webt. Es ist die Rolle, die die Rolle schafft.

Die Japaner stellten früher wunderschön dekorierte Ölschalen her, die dennoch sehr preiswert waren. Das Muster bestand lediglich aus einer Weide, mit wenigen zarten Farbstrichen hingesetzt. Da diese Schalen fast nichts kosten durften, ließ man Kinder diese Zeichnungen machen. Die großen Töpfer von heute sagen, daß Erwachsene nicht so zeichnen könnten. Sie hätten nie die Unschuld, einen Baum mit nur zwei, drei Strichen darzustellen, da ihre Seele nicht mehr rein sei.

Ich weiß nicht, wie man wieder zu einer reinen Seele zurückfindet. Doch jede Interpretation muß aus einem unverfälschten Geist kommen. Hier liegt ihr Schwerpunkt. Und darin liegt auch ihre Schwierigkeit.

Ich kann niemals das abstreifen, was ich in meinem Inneren bin – all die Widersprüche, all die Ängste und zerstörten Träume und Hoffnungen, die meinen Kern umschließen. All die Entscheidungen, die zu treffen ich versäumt habe. All die Facetten, Farben, Schmerzen und Glückseligkeiten, die mein Ich ausmachen.

Doch all das sollte irgendwie aus einer Mitte kommen, die derjenigen eines Kindes gleicht, das einen Weidenbaum mit zwei Strichen darstellen kann.

Wenn der wahre Sinn der Schauspielkunst wirklich in der Entdeckung der Seele eines anderen Menschen liegt, kann ich ihn dann je finden? Denn wessen Herz und wessen Seele läßt sich in Beschlag nehmen?

Der Genuß stellt sich angesichts des Schauspielers ein, der mit einer einzigen Kopfbewegung alles verdeutlicht.

Wenn ich nicht ständig agiere, hat das Publikum die Möglichkeit, durch mich zu *erkennen*, woran es selber glaubt. Die Zuschauer sollten mit ihren eigenen Erfahrungen beteiligt sein. Selbst schöpferisch werden. Mit ihrer eigenen Phantasie einsteigen.

Das Problem der Einfachheit einer großen oder angedeuteten Gebärde liegt darin, daß sie nicht einfach ist. Denn alles ist Stückwerk, wenn die Reinheit verloren ist.

Ich erinnere mich an den Augenblick gestern, als ich Lachen auslöste, und da ich es gern wiederhören möchte, überziehe ich diesen Augenblick – und das Lachen bleibt aus.

Hat mir das Publikum erst seine positive Reaktion geschenkt, habe ich meine Unschuld schon verloren. Weil Unschuld aus der Spontanität kommt, ist sie schwer zu reproduzieren.

Mein Unbewußtes ist der wahre Schöpfer.

Der Körper hat seine eigene Weisheit.

Charlie Parker hat einmal zu einem seiner Musiker gesagt: «Spiel dein Saxophon nicht, laß es dich spielen.»

Ich muß mein Instrument, das heißt meine Rolle, mich spielen lassen.

Jeder Schauspieler muß seine eigenen Bilder formen.

Unser Stoff ist das Leben, das wir leben, und das, was wir sehen, das Leben, das wir lesen, und das, dem wir lauschen.

Aber niemals darf ich meine momentanen *persönlichen* Emotionen, nie privaten Ärger oder privaten Kummer einsetzen, weil das, was meine Leidenschaften nicht von sich aus zu bewirken vermögen, durch das bewirkt wird, was ich über Leidenschaften *weiß*.

Für mich liegt die Wahrheit des Schauspielens darin,

mich selbst so weit zu öffnen, daß der dargestellte Charakter durch mich sichtbar wird. Wenn die Rollengestalt weinen soll, ist sie es, die weint, nicht ich. Es ist die entblößte Liv, die mir gestattet, danebenzustehen und zuzusehen. Es ist, als hätte man ein Instrument so gestimmt, daß alles, was man darauf spielen will, wahrheitsgetreu herauskommt. In raren Glücksmomenten kann das geschehen. Die Herausforderung des Spielens ist, wie ich glaube, die Wahrheit zu finden.

Seltsam, je älter ich werde und meinem sich ständig erweiternden Erfahrungsschatz zum Trotz, erkenne ich, daß das, was ich zur Darstellung bringen möchte, immer einfacher und immer reiner ist. Ich wünschte, ich könnte eines Tages zu dem Augenblick zurückkehren, da ich wußte, wie man einen Weidenbaum mit nur zwei Strichen zeichnet.

In einem meiner liebsten Kommentare zur Schauspielkunst schreibt Yeats über das Nô-Drama: «Ein junger Mann folgte einer vornehmen alten Dame durch die Straßen einer japanischen Stadt, und alsbald drehte sie sich zu ihm um und sagte: ‹Warum folgst du mir?›

‹Weil Ihr so interessant seid.›

‹Dem ist nicht so, ich bin zu alt, um interessant zu sein.›

Doch er wolle, erzählte er ihr, ein Darsteller alter Frauen auf der Nô-Bühne werden. Wenn er als Nô-Spieler berühmt werden wolle, sagte sie, dürfe er weder das Leben beobachten, noch die Maske eines alten Gesichts aufsetzen oder sich den Wohllaut seiner Stimme versagen. Er müsse wissen, wie man das Bild einer alten Frau weckt, und doch alles im eigenen Herzen finden.»

Vor Jahrmillionen sind wir dem Wasser entstiegen
und an Land gekrochen. Jetzt, auf dem festen Land,
sind wir noch immer auf der Suche nach einem
Sinn, so wie uns einst ein Urtrieb dazu brachte,
aus der See an Land zu steigen.
Während unseres kurzen Erdendaseins treffen wir
Entscheidungen und richten uns nach ihnen in ihrer
ganzen Unwägbarkeit. Wir lernen, daß nur wenige
Dinge klar umrissen sind, daß die schwierigsten
Lebensentscheidungen kaum erkennbar sein
können. Die allerhöchsten Bestrebungen haben
ihren Lohn und ihren Preis.
Das absolut Gute und absolut Böse gibt es
möglicherweise nicht.

Vor langer Zeit spielte ich in Brechts *Kaukasischem Kreidekreis.* Damals war mein Name Grusche.

Ich sitze neben einem Baby, das von seiner Mutter ausgesetzt wurde. Ich bin sehr arm und sehr verängstigt. Als ich mich niederbeuge, um das Kind aufzuheben, das in Samt und Seide gehüllt ist, in so kostbare Stoffe, wie ich sie noch nie berührt habe, überkommen mich Zweifel. Das Kind wird mir eine Last im Leben sein. Ich habe kaum selbst etwas zu essen oder anzuziehen. Ich gehe fort.

Doch dann bleibe ich stehen. Ich kehre um. Widerstrebend setze ich mich wieder neben das Kind. Ich schaue es an, dann schaue ich weg.

Schließlich nehme ich es auf den Arm. Schelte es wegen der Schwierigkeiten, die jetzt auf mich zukommen. Lache es an, weil es so armselig und hilflos ist.

Ich war es, die vorbeikam und helfen konnte.

Dürre

Mitten in der trockenen Landschaft Lateinamerikas entdecke ich einen kleinen Gemüsegarten, wo Sämlinge zum Halt um dünne Stäbe gewickelt sind, die man in die trockene Erde gesteckt hat. Ein Duft von wilden Blumen zieht zu mir herüber. Eine alte Frau betreut diesen Garten, der ihr nicht gehört. Sie trägt ein loses Kleid, und ein winziger Strohhut balanciert ganz oben auf ihrem Kopf, während sie voll Stolz auf die verschiedenen Reihen grüner Pflanzen deutet. Unter den fast farblosen Blattgebilden, die sie mir zeigt, entdecke ich Tomaten und Bohnen.

«Nur die Allerkleinsten in unserem Dorf bekommen dieses Gemüse zu essen. Es ist nicht genug für alle da. Deshalb hat man mich aufgefordert, den Garten zu bewachen.»

Stolz schwingt in ihrer Stimme mit: So nah ihrem Lebensende haben die Leute in der Gemeinde ihr gezeigt, daß sie ihr vertrauen. Tag und Nacht steht sie zu ihrer Verantwortung. Zwei kleine Bäume, der Stamm des einen von der Sonne schwarz verbrannt, hängen halb verdorrt über ihre Hütte am Eingang zum Gemüsegarten.

Sie hebt mir einen Arm, trocken und verwelkt wie alles um sie herum, entgegen und sagt: «Ich kriege so gut wie gar kein Wasser. Was wir haben, geht meist in diesen Garten. Ich lebe dafür, dieses Gemüse zu hüten, das ich nie essen werde.»

Überschwemmung

An der Küste Ecuadors gehen starke Regenfälle nieder, die die Flüsse nicht mehr aufnehmen können. Das Wasser staut sich und überschwemmt die armen Gemeinden. Überall in den Straßen steht schlammiges, grünes Wasser, ein gefährlicher Spielplatz für die Kinder. Sie balancieren, manchmal mit schweren Lasten auf dem Rücken, über die primitiven Brücken – und wenn sie ausrutschen und ins Wasser fallen, gehen sie unweigerlich unter, da kaum eines der Kinder schwimmen kann.

Es gibt keine Elektrizität, nur wenige Latrinen, nichts zu essen; das Trinkwasser muß von weither geholt werden und ist, wie üblich, für die Armen teurer als für die Wohlhabenden.

«Wir benötigen so viele Sachen.»

Die Hände der Frau sind in ständiger Bewegung, sie streicht über ihr Kleid, übers Haar, faltet die Hände, ehe sie sich dann eine Träne aus den Augen wischt, die sich nie, gar nie vom Boden heben, der schon knöcheltief unter Wasser steht.

«Wir benötigen so viel, besonders für unsere Kinder. Sie brauchen Platz zum Herumlaufen. Es gibt ein paar Spielplätze und Grünanlagen in der großen Stadt, aber das ist zu weit weg für sie. Hier gibt es nur Wasser. Und das steigt immer höher.»

Erdbeben

Er ist hoch in den Sechzigern. Sein Heim ist zerstört. Zusammen mit seinen Nachbarn haust er in einem Zelt.

«Ich hatte gerade das Haus verlassen, um zur Arbeit zu gehen, als das Erdbeben losging. Ich war erst einen halben Block weit gelaufen, als ich sah, daß alle Telegrafenmasten und Kabel wackelten. Ich lief zu meinem Haus zurück in der Hoffnung, daß diese Erschütterungen wieder aufhörten, und sah vor mir die Straße – sie war wie lauter Wellen. Ich versuchte zu gehen und fiel hin. Ich sah, daß alles um mich herum einstürzte, und dachte nur, werde ich das überleben? Ich war ganz erstarrt. Wie gelähmt. Dann schaffte ich es bis zu meinem Haus, und als ich hineinging, sah ich das Haus meines Nachbarn einstürzen. Zementstaub flog herum, und überall krachten die Häuser zusammen, die ganze Luft war eine Staubwolke. Feuer gab es keins. Ich hatte schreckliche Angst. Ich wollte mein Haus nicht mehr verlassen.

Mittags kam jemand, um mich zu holen, weil sie Hilfskräfte brauchten. Meine Angst war groß, als ich mein Haus verließ. All diese Mauern, die mich immer beschützt hatten – nun stürzten sie ein.

Jetzt hoffe ich, daß mir jemand sagt, was ich machen soll. Ich warte einfach.»

Vor dem Erdbeben war Popayan eine traditionsreiche Stadt, eine heilige Stätte. Es war der Geburtsort vieler Präsidenten und Dichter, und die Kolumbianer waren stolz auf seine Geschichte, auf seine Baudenkmäler und Kirchen aus der Kolonialzeit.

Überall an den verwüsteten Straßen sitzen Menschen und warten. Etliche große Baumaschinen beginnen bereits die zerstörten Häuser wegzuräumen. Rundum herrscht Katastrophenstimmung.

Das Erdbeben hat mehr als dreitausend Gräber aufgebrochen, und die Leichen kamen herausgeflogen. Einige wurden ziemlich weit weggeschleudert. Es ging das Gerücht, daß eine Frau wahnsinnig wurde, als ein Toter sie einen Hügel hinunterjagte. Ein Reporter kommentierte: «Ich brauche mir keine Hitchcockfilme mehr anzusehen – sie spielen sich hier ab.»

Mit dem Erdbeben kam, gleich den Leichnamen, auch die wohlverborgene Armut zutage. Als hätte das Beben die Armut herausgeschüttelt.

Ein kleiner Junge zeichnet für mich ein Haus. Es hat einen kleinen Garten und ist mit Blumen und Pflanzen geschmückt. Er sagt mir, dies sei sein Heim, obwohl wir im Morast sitzen, umringt von Kasserollen seiner Mutter und ein paar Holzstücken, die sie als Brennmaterial aufhebt.

Die Wirklichkeit ihres Lebens besteht darin, daß sie kein Geld haben, keine Möglichkeit, Arbeit zu bekommen. Sie können kein Darlehen aufnehmen, weil sie es höchstwahrscheinlich nie zurückzahlen könnten. Wie viele Tausende leben sie auf privatem Grund, von dem sie einfach Besitz ergriffen haben. Es gibt keine Wasserleitung, keine Kanalisation, keine Müllabfuhr. Es muß unerträglich sein, bei den schweren Stürmen und ständigen Regenfällen so zu leben wie die meisten hier – ohne Dach über dem Kopf.

Das Haus, das der kleine Junge zeichnet, hat Vorhänge an den Fenstern und Kiefern im Garten.

Viele Menschen, die ich treffe, sehen in dem Erdbeben die Folge einer Verwünschung, die ein berühmter kolumbianischer General ausgesprochen hat: «Wenn das Kreuz der alten steinernen Kirche herunterfällt, will ich, daß die Stadt zerstört wird. Und dies wird an einem Gründonnerstag geschehen.»

So lautete die Prophezeiung, und genau so traf sie ein. Ein paar Tage später sehe ich, wie die Menschen zu dem Platz strömen, wo das Kreuz liegt, und dort niederknien und um Vergebung bitten.

Der alte Mann, der sein Haus verloren hat, erzählt mir, was für eine ruhige Stadt Popayan einmal war. «Unsere Stadt feierte ihre Heiligen und Jesus Christus und die Stille. Es war wunderschön, die Gewänder und Dekorationen und die vielen Farben.»

Wir sitzen in seinem Zelt, und die dünnen Wände können den Regen nicht abhalten. Der alte Mann fröstelt:

«Die Karwoche in Popayan ist die wichtigste Woche des Jahres, weil viele Touristen kommen und Konzerte gegeben werden. Berühmte Orchester und Chöre kamen nach Popayan, um Christi Kreuzestod zu gedenken. Doch wir wurden zu sehr vom Tourismus abhängig und wurden Heiden und Ketzer, weil wir Partys veranstalteten, anstatt der Leiden und des Todes Christi zu gedenken. In Popayan wurde während der Karwoche mehr getrunken als zu jeder anderen Zeit des Jahres. Gott hat uns gestraft wie einst Sodom und Gomorrah.»

Seit drei Tagen regnet es unaufhörlich, und die Obdachlosen und Armen sitzen zusammengedrängt im Schutt der Straßen oder in behelfsmäßigen Unterkünften.

Eine junge Frau ist so verzweifelt, als sie ihre Lage beschreibt, daß sie sich in den Morast sinken läßt und lautlos weint, die dünnen Arme vor dem Gesicht gekreuzt.

Nur schwach höre ich die Laute ihres Grams.

Die Straßen Manilas, die am meisten von Touristen frequentiert werden, sind von Mauern begrenzt. Hinter den Mauern wohnt die Armut.

Zuflucht

Ihr Heim besteht aus einem zwei Quadratmeter großen Pappendeckel, ausgebreitet auf dem Gehsteig. In ihrem Schoß schläft ein Kind. Die Mutter sitzt mit ausgestreckten Beinen da – ein Bild der Einsamkeit, von den Geräuschen der Stadt, der geschäftigen Menschenmenge und dem Verkehr auf den Straßen nicht berührt. Die Parks, die Flüsse, die Brücken und herrschaftlichen Villen gehören nicht zu ihrem Leben im Verborgenen.

Ihr Kind schläft, und sie hat die Augen geschlossen, während sie den Mittelpunkt ihres Lebens mit ihrem weichen, vorgeneigten Körper bewacht.

Mitleid

Er hat den Blick eines verwundeten Tiers, als er die armselige Gemeinde vor sich anschaut. Sein schmales

Gesicht glänzt vor Schweiß. Ein trauriger junger Arzt in zerrissenen Jeans, der täglich zur Visite kommt.

«Ich habe nicht genügend Medikamente und Vitamine. Ich habe kein Impfserum.»

Er hält inne, als ein kleines Kind auf ihn zukommt und er es auf den Arm nimmt – beide lachen. In dem Augenblick, als es sich aus seinen Armen windet und wegläuft, kehrt seine ernste Miene zurück.

«Ich komme her, weil sie so bedürftig sind, aber im Grunde genommen bin ich hilflos, weil ich keine Möglichkeit habe, sie zu behandeln.»

Wir sind umgeben von Hütten mit schwarzen und grauen Blechdächern. Er zeigt auf die braune Jauche, die den schmalen Pfad, auf dem wir gehen, entlangfließt. «Ein Kind muß schon eine gute Konstitution haben, wenn es in dieser verseuchten Umgebung überleben soll.»

Ich frage ihn, warum er nicht in seiner Privatpraxis im wohlhabenden Teil von Manila bleibt.

«Ich komme hierher», sagt er, «um Gott zu helfen, ein Wunder zu vollbringen.»

Milch

Im einzigen Laden der Gemeinde ist die Hälfte der Regale mit Milchersatz für Kinder vollgestopft. In großem Umfang wird dafür im Radio, im Fernsehen, in den Zeitungen und sogar bei vielen Ärzten Werbung gemacht. Hinter den Mauern von Manila treffe ich nur wenige Mütter, die ihre Kinder stillen. Es kommt einem Dahinmorden gleich, wenn die Hersteller dieses Produkts bei den armen Frauen dafür werben: Es gibt nur verseuchtes Wasser, um das Milchpulver anzurühren; und Brennmaterial, um das Wasser abzukochen, ist fast keins vorhanden. Eine Dose kostet etwa fünfzig Pesos, weit mehr als der Tageslohn der meisten Familien.

Muttermilch hingegen ist eine nahrhafte Kost, reich an immunisierenden Wirkstoffen für die Kinder. Und sie ist umsonst.

Unter den Müttern, die schwache, unterernährte Babys im Arm halten, sehe ich eine Frau, die einen dicken, kleinen Buben im Arm wiegt. Er schläft zufrieden, mit rosa Bäckchen, und noch ehe ich sie frage, weiß ich, was sie mir antworten wird.

«Stillen Sie Ihr Kind?»

«Ja.»

Dieses drei Monate alte Baby – größer als die meisten Zweijährigen hier – wird von seiner Mutter zu dem Platz gebracht, wo UNICEF für die Frauen der Gemeinde eine Zusammenkunft organisiert hat. Der Junge, noch immer wie trunken von der Milch im Schlaf, wird zum lebendigen Beispiel für jene Mütter, die, durch unverantwortliche Werbekampagnen getäuscht, um ihre Kinder gekommen sind.

Der dicke Rexus, so sein königlicher Name, hat für alle einen Sieg errungen im Kampf gegen jene Leute, die mit ihren Überredungskünsten die Frauen in eine verhängnisvolle Abhängigkeit von der Trockenmilch bringen, die hier nur mit schmutzigem Wasser vermischt werden kann.

Die Geschichte vom drei Monate alten Rexus ist eine der wirklichen Erfolgsgeschichten der Dritten Welt, auch wenn er niemals Schlagzeilen machen wird.

Jugend

Sie tanzt die Straße entlang. Mit strenger Disziplin führt sie ihre Schritte aus: hoch das eine Bein – dann ein kleiner Hopser – runter das Bein, damit das andere wieder hochschnellen kann. Ihre Seele tanzt mit, freier als ihre nackten Füße. Als sie den Füßen einen Augenblick Ruhe gönnt, die Seele noch immer glückselig in Bewegung, erzählt sie mir, sie sei hundertfünfzehn Jahre alt.

«Einhundertfünfzehn Jahre?»

«Ja. Und man kann es nur daran erkennen, daß ich ein schwaches Knie und schwache Hüften habe.»

Diese Lügnerin! An ihrem Hüpfen und Beinschwenken scheint nichts Schwaches zu sein, wenn ich auch jetzt, wo sie stillsteht, sehe, daß ihr Körper tatsächlich etwas verkrümmt ist. Und schon schwingt sie wieder ein Bein ums andere in die Höhe.

«Sie haben ein langes Leben hinter sich», rufe ich ihr nach.

«Ich bin immer noch da, weil mein Glaube an Gott stark ist.» Eine kurze Pause. «Ich hatte mal Krebs, und damals sagten sie mir, ich hätte nur noch fünfzehn Jahre zu leben. Das ist schon sehr lange her. In letzter Zeit hab ich mich nach einem Ehemann umgeschaut!»

Sie fängt wieder an zu tanzen.

«Mein Mann ist während der japanischen Besatzungszeit gestorben.»

Schrilles Gelächter. Sie ist jetzt etwas außer Atem, weil es ihr schwerfällt, sich zu unterhalten, während sie zuerst das eine Bein, dann das andere in die Luft schwingt.

«Ich geh herum und such nach einem Mann, und dabei werden meine Beine kürzer und kürzer.»

«Wie soll er denn aussehen?»

«Sehr alt. In einem alten Mann steckt Leben und Weisheit. Ich werde auch für dich einen finden.»

Dann, die Beine für einen Augenblick stillhaltend, flüstert sie mir vertraulich zu: «Ich hab gelogen. In Wirklichkeit bin ich erst hundertsechs.»

Unterricht

Ich werde zu einer der armen Gemeinden gefahren, die auf den Anhöhen über der Stadt liegen. Wie man hier sagt: «In Kolumbien haben die Armen die beste Aussicht.»

Mir fallen die Vogelnester auf, die haufenweise an den Telefondrähten, an denen wir vorbeifahren, hängen, eng nebeneinander aufgereiht, schwarze Kugeln, die wie Großmutters Wollknäuel aussehen. Ob die Vögel unseren Gesprächen lauschen, wenn wir telefonieren? Werden sie von unseren Stimmen, die durch die Drähte laufen, gewärmt?

In der Schule, zu der man mich bringt, begegne ich einem großen, gutaussehenden Mann, dessen Lächeln ein gütiges Gesicht erhellt.

Die Kinder seiner Schule ohne Dach, die nur aus zwei Wänden besteht, werden in technischen und landwirtschaftlichen Fächern ausgebildet. Er möchte erreichen, daß sie später ihre eigenen Gemeinden leiten können.

Sie lernen Gartenbau, lernen Heilpflanzen kennen.

Auf dem Grundstück sind Bienenstöcke aufgestellt, für die die Kinder selbst verantwortlich sorgen.

Die Eltern, dankbar dafür, daß ihre Kinder eine Ausbildungsmöglichkeit haben, beschlossen, eine Straße zum Schulhaus zu bauen, damit auch die weiter entfernt wohnenden es erreichen können. Heute führt die Straße durch ein Gebiet, das vormals Wildnis war.

Früher waren des verseuchten Wassers wegen die dementsprechenden Krankheiten ein Hauptproblem. Der Lehrer machte sich daran, das Wasser der Schule zu filtern und mit Chemikalien zu behandeln, und gab die Einzelheiten des Verfahrens an seine Schüler weiter. Und die gaben die neuerlernten Methoden zur Wasserverbesserung an ihre Eltern weiter.

Heute wird die Schule von Gemeindevorstehern aus weit entfernten Regionen besucht, die sich das Lehrprogramm aneignen möchten.

«Ich sehe meine Arbeit als eine Illustration dessen, was ich im Leben schaffen kann.»

Er erzählt mir, er sei Rechtsanwalt gewesen, habe sich aber entschlossen, Mönch zu werden. Als er jedoch unterwegs zum Kloster gewesen sei, wären ihm viele Leute aus seinem armen Heimatbezirk gefolgt und hätten ihn um Hilfe angefleht, da er der einzige gebildete Mann unter ihnen gewesen sei. So sei er geblieben.

Er besitzt eine Kuh. Sie erwägt ernsthaft, was der eingezäunte Gemüsegarten ihr wohl zu bieten hätte.

«Eines Tages wird uns dieser Garten ein Schulrestaurant ermöglichen.»

Wir schlendern weiter zu einem Fischteich, auf den er sehr stolz ist. Er ist künstlich angelegt, eineinhalb Meter tief, zehn Meter lang und fünf Meter breit. Die Fische werden mit Salatblättern gefüttert, und ich beobachte, wie sich die Blätter an der Oberfläche bewegen, während die Fische von unten daran knabbern. Zuletzt schwimmen nur noch die Blattrippen auf dem Wasser.

Die Menschen in diesem Gebiet können sich nur gelegentlich ein Fleischgericht leisten, Fisch war bisher unbekannt. Jetzt nicht mehr.

Wieder das Lächeln, das sein ganzes Gesicht aufleuchten läßt.

«Ich wollte wirklich Mönch werden, doch manchmal ist es nötig, auf andere Weise zu dienen.

Man hat einfach etwas anzupflanzen, dessen Zweck man nicht kennt. Bloß daß man der einzige ist, der es tun kann.»

Eine Geschichte

Eine Nonne zeigt mir die Sehenswürdigkeiten der Kirche, der sie dient, und weist zu einem winzigen Fenster – dem einzigen – hoch oben an der Wand.

«Vor langer Zeit assistierte hier ein Mönch, der bekannt war für seine Güte und sein Mitgefühl. Doch in der Nacht überkam ihn die Fleischeslust, und er ging zu diesem Kruzifix dort, benützte es als Leiter und kletterte über Jesus' Schulter durch das Fenster. Jedesmal fragte Jesus ihn: ‹Wie lange willst du das noch betreiben?›

‹Bis ich zurück bin›, sagte der Mönch, ‹wenn die Nacht vorbei ist.› Eines Tages, als er wieder hinausgeschlüpft war, geriet er mitten in eine Begräbnisprozession und fragte: ‹Wen begrabt ihr?›

‹Pater Leonard.›

Es war sein eigener Name, und er kletterte eiligst wieder zurück und benutzte Jesu Schulter zum letztenmal. Aus Reue schloß er sich neun Jahre lang in seiner Zelle ein, und als er schließlich wieder herauskam, wählten ihn die Leute zum Schutzpatron der Kirche.»

Die Nonne zeigt wieder auf die Wand. «Wie Sie sehen, haben wir jetzt seine Statue im Fenster über dem Kruzifix stehen.» Sie zwinkert mir zu und lacht eine ganze Weile im Gedanken an ihren Bruder.

Kindheit

Ich verbringe eine Nacht mit ein paar von den vielen tausend Straßenkindern Kolumbiens. Sie sind klein und lebhaft. Sie stecken voller Phantasie und machen eifrig Vorschläge, wohin wir jetzt, nachdem wir uns kennengelernt haben, gehen sollten. Wie wär's mit einem Restaurant? In einer kleinen, schäbigen Kneipe essen wir Hühnchen und Kartoffelchips, und jedesmal, wenn die kleinen Finger ein Stück Huhn ergriffen haben, wird es zuerst mir angeboten.

Kleine, schmutzige Hände ruhen auf meinem Schoß, und irgendein Arm ist immer um meine Taille geschlungen. Ein sechs- oder siebenjähriges Kind legt den Kopf an meine Schulter, tut so, als wolle es einschlafen, den schmächtigen Körper eng an mich geschmiegt. Die kleinen Jungen und ich lachen und schmusen miteinander, eine andere Sprache beherrschen wir nicht. Ist auch nicht nötig.

Als sie schließlich müde werden, fragen sie mich, ob ich sie nach Hause bringen würde. Wir holen zuerst den

Pappkarton, den sie versteckt hatten. Ihr Stück Gehsteig vor einem Juweliergeschäft ist noch unbesetzt. Als Decke dient ihnen ein Sack, den sie die ganze Nacht mitgeschleppt haben, und mit Handbewegungen deuten sie mir an, ich solle sie zudecken.

In diesem Augenblick strecken sich mir die Arme der Kleinen entgegen; abgebrühte kleine Gassenjungen werden zu empfindsamen, ausgesetzten Kindern, die ihren Gutenachtkuß haben wollen.

Für einen kurzen Moment lege ich mich neben sie. Sie lassen sich in den Arm nehmen – ganz fest. Ich fühle ihren warmen Atem, streichle ihnen die Stirn, halte ihre Hände, lasse sie sich an den Körper der Mutter schmiegen, die sie vermissen.

Und in diesem unendlichen Augenblick sehne ich mich nicht mehr nach meiner Kindheit zurück. Plötzlich, in ihrem Vertrauen daheim, weiß ich, wonach ich gesucht habe, warum ich gereist bin.

Ich bin *ich*.

Vorsichtig öffne ich die Tür zu Linns Zimmer. Sie schläft, das Gesicht zum Fenster gewandt; sie hat vergessen, den Vorhang zuzuziehen. Die Sonnenstrahlen werfen Licht und Schatten auf ihr Gesicht. Ich gebe ihr einen Kuß. Unter ihrer Decke tauchen zwei kleine Köpfe auf – einer aus weißem Fell mit großen, erstaunten Augen und ein aristokratischer gelbbrauner, mit grünem, arrogantem Blick: ihre Katzen.

Sie dürfen nicht zu ihr ins Bett, warten aber jede Nacht geduldig, bis Linn eingeschlafen ist, ehe sie sich der großen, norwegischen Daunendecke bemächtigen.

Da ich normalerweise diejenige bin, die ihnen ihr Futter liefert, verlassen sie, beide schnurrend – die eine lächelnd –, ihr derzeitiges Asyl und schauen mich bewundernd und liebevoll an.

Als leichtes Opfer ihrer Schmeicheleien gehe ich erst hinaus, nachdem ich sie mit Sardinen in Tomatensauce aus Norwegen versorgt habe. (Eines meiner Lieblingsgerichte, das meine Mutter mir ab und zu schickt.)

Die Katzen bemerken nicht einmal mein Weggehen. Zwei Katzenschwänze in langsamen und trägen Bewegungen, zwei Hinterteile, die mir zugekehrt sind, zwei kleine rosa Zungen, die ihre Schalen leeren. Ich habe meinen Zweck erfüllt.

Es ist ein schöner Sonntagmorgen im Mai. Zeit der Wiedergeburt, da die Natur mit der Flut, die nun wieder im Steigen begriffen ist, den Boden mit Wachstum überschwemmt.

Die Vögel singen; Drossel und Meise und Bachstelze und Schwalbe und Kuckuck, alle draußen vor ihrem Fenster. Und ich höre dem Plätschern eines Bachs in der Nähe zu, der das Wasser der Schneeschmelze den Berghang hinunterträgt.

All die lieblichen, hellen Frühlingsfarben, die uns umgeben. Ein Stück Wegs von unserem Haus wird bald das alte Fräulein Gran in ihrem winzigen Garten zu graben anfangen. Sie wird ein blaues Kleid und einen blauen Hut tragen und so selber dem Frühling Farbe geben – allein schon durch ihre Freude, allem wiederzubegegnen.

Abel und ich sitzen auf der Klippe und schauen auf unseren Fjord hinunter. Diesmal ist er ruhig. Ein großes Schiff ist auf seinem Weg über den Ozean.

Ich erinnere mich an einen Ozean und an einen anderen Mann, der auf der Insel, die uns beiden gehörte, voraussagte: «Du und ich, wir sind auf schmerzliche Weise miteinander verbunden.»

Als könnte Abel meine Gedanken lesen, fragt er: «Willst du, daß ich dir von deiner Insel erzähle?»

Um mich herum spüre ich den Frühling, fühle den

Wechsel der Gezeiten. Und ich schließe die Augen, sage ihm, er soll mir die Insel beschreiben, als hätte ich ihm niemals von ihr erzählt.

Langsam sagt er: «Ich sehe eine wunderschöne Prinzessin in Gefangenschaft. Ich sehe ihre Einsamkeit, ihre Angst, ihren Kampf mit dem Herrscher der Insel. Ich sehe die Insel, ein isoliertes Eiland, Zufluchtsort für einen Versuch zur Liebe.»

Ich schüttle den Kopf.

«Du bist ein richtiges Kind, Abel. Du verstehst es nicht.»

Das läßt ihn kalt.

«Ich mag Märchen. Du hast mir gesagt, daß dich nach der Insel nichts mehr verletzen könne. Ich dachte, dir sei etwas ganz Schreckliches zugestoßen, daß du unverletzbar wurdest. Ich dachte, in dir sei etwas für immer gestorben. Doch dann habe ich verstanden, was du mir sagen wolltest.»

«Lieber Abel. Du glaubst nur, daß du verstehst.»

«Du hast mich gebeten, niemals deine Wunde zu vergessen», murmelt er in mein Haar, «deine gewaltige, unheilbare Wunde.»

Ich habe dich gebeten, den Beweis zu beachten, daß ich gelebt habe, während du gelesen hast, denke ich bei mir und sehe ihn dabei freundlich an.

Liebster Abel. Ich bin keine Prinzessin aus dem Märchen. Ich bin eine Frau, die auf ihrer Reise durchs Leben für eine gewisse Zeit auf einer Insel landete.

Du möchtest eine Geschichte über eine unglückliche Frau hören, die den Verstand verlor, die man, noch immer schön, nachts an der Küste stehen sah, reglos und unaufhörlich aufs Meer hinausstarrend.

Damit alles ganz eindeutig wäre.

Er schweigt. Wir sitzen an einem Frühlingsnachmittag, noch ehe irgend jemand anders in die benachbarten Sommerhäuser eingezogen ist, eng umschlungen hoch oben auf einer Klippe.

Dann sagt er, und wieder scheint er meine Gedanken lesen zu können: «Das möchte ich wirklich.»

«Was möchtest du wirklich?» frage ich.

«Ich möchte, daß du mich überraschst», antwortet er. «Ich möchte, daß du besiegt zu mir kommst, wie alle anderen. Der Gedanke, daß ich nicht deinetwegen weinen kann, macht mich verrückt.»

Plötzlich ist die Sonne nicht mehr warm. Der Sommer ist noch fern. «Soll ich mich geschlagen fühlen, weil ich dich liebe?»

Er sagt: «Du sollst dich besiegt fühlen, weil du viele Male geliebt hast.»

Vierter Teil

Trennung

Einer Rolle Lebewohl sagen. Ich war so verwachsen mit einer Rollengestalt, der ich nie wieder begegnen werde. Ein letztes Mal die Rolle. Alles, was sie mir bedeutet hat. Nun ist es Zeit, sie zu verlassen.
Die Abschiedstränen sind nicht die meinen. Es ist die Rollengestalt, die weint, weil sie weiß, nie wieder wird sie existieren.

Ich habe immer in der Nähe des Wassers gelebt.

Wasser hat mich zu den verschiedenen Orten gebracht, wo mein Zuhause war. Die Ozeane waren Straßen zu neuen Abschnitten meines Lebens.

Wasser hat mir Frieden gegeben, wenn ich dasaß und seine Oberfläche anschaute.

Die Oberfläche ist den Gezeiten unterworfen, doch darunter liegt das, was sich nie bewegt, die ewige Tiefe.

Ich spüre die Ebben und Fluten in mir – wie auch das, was unbewegt im Meer ruht.

Eine Frau trägt in sich den Ozean, aus dem der Mann geboren ist. Der Mann verläßt diesen Ozean am ersten

Tag seines Erdendaseins, und sein Weg führt ihn fort von ihm bis an das Ende.

Eine Frau bleibt bei ihrem Anfang.

Der Mann ist eine Insel, doch die Frau ist ihr eigener Ozean, in dem ihre Insel ruht.

Die Distanz zwischen Mann und Frau kommt zum Teil von diesen unterschiedlichen Gegebenheiten.

Bei Abel habe ich nun oft das Gefühl, daß ich sein
Leben, das er für sich haben möchte, störe.
Ich spüre, daß ich seine Aussicht auf Harmonie und
Kreativität verderbe.
Ich möchte, daß es vorbei ist. Aber ich wußte nie, wie
man Schluß macht. Und wenn jemand *mich* verläßt,
gerate ich in Panik und beklage die Trennung,
als hätte der Tod sich zwischen uns gestellt.
Doch wir leben wie Fremde nebeneinander, und der
eine scheint jede Handlung, jedes Wort des anderen
zu zerstören.
Manchmal glaube ich, daß ich deshalb so beharrlich
an dieser destruktiven Beziehung festhalte,
weil ich weiß, daß ich, ist er erst gegangen, mit
dem Schmerz fertig zu werden habe. Allein.

Er sitzt im Schlafzimmer am Fenster. Er dreht sich nicht um, als ich hereinkomme. Ich ahne, daß er getrunken hat. Sein Haar ist noch feucht, vermutlich hat er geduscht – vielleicht ist er gerade erst aufgestanden, auch wenn es schon spätnachmittags ist. Er spricht – zum Fenster gewandt – zu den Wolkenkratzern und zu allem anderen, das jenseits des Fensters liegt, die Kälte, die graue Luft, die Geräusche und der Wahnsinn, der zu New York gehört. Zu allem, wovor ihn mein Schlafzimmerfenster nicht schützen kann. Sein Nacken wirkt verwundbar. Ich möchte ihn berühren. Aber ich lege mich aufs Bett und höre zu.

«Meine Reisen haben mir früher so viel gegeben, bis sich eines Tages der Prozeß ins Gegenteil verkehrte. Mir wurde bewußt, daß mir etwas genommen wurde. Darum will ich zur Ruhe kommen, an einem Ort bleiben, einem Ort, wo ich hingehöre. Ich gehöre nicht hierher in dein blaues Zimmer. Ich möchte nicht am Stock gehen, weil ich in New York lebe, wo ich nicht arbeiten kann. Ich habe Angst, zu versteinern. Ich sehe, die Grenzen sind offen. Nur möchte ich sie nicht mehr überschreiten.»

Er wendet mir sein hübsches Gesicht zu. Da er getrunken hat, existiere ich nicht wirklich für ihn – seine Worte sind Teil eines persönlichen Monologs. Er will keine Antworten, kein Feedback. Er möchte mich nicht einmal als Zuhörer. Er braucht meine Gegenwart nur so wie die Aussicht aus meinem Schlafzimmerfenster. Sein Ärger und seine Frustration müssen sich gegen irgend etwas richten, müssen alles einschließen, was ihn zu ersticken droht. Und während er mich in Dunkelheit und Sorgen hüllt, zieht er mich in sein Elend hinein, und ich habe Angst, mit unterzugehen. Er schaut durch mich hindurch, hebt das Glas zum Mund und flüstert: «Ich bin unfähig, etwas zu machen, was ich nicht früher schon gemacht habe, was vom Leben nicht schon bestätigt wurde. Deshalb kann ich neue Überzeugungen und neue Experimente nicht akzeptieren. Als ich dir sagte ‹Gebrauche mich›, meinte ich etwas sehr Einfaches. Ich wollte *ich* sein zusammen mit *dir*. *Sein*. Der Sinn des Lebens ist ganz einfach der: *dazusein* und zu verschwinden. Für mich gibt es keinen anderen Sinn.»

Er trinkt. Schlägt die Hände vors Gesicht. Ich liebe ihn. Aber ich rühre mich nicht, liege nur ruhig da.

«Ich glaube an die Liebe», flüstert er immer noch. «Ich träume davon. Aber sie muß überwältigend sein. Sie muß mich in höhere Regionen tragen. Ist sie das nicht, dann ist sie bloß eine weitere Platitüde. Ich liebte dich, aber du hast mir nicht erlaubt, in höheren Regionen zu schweben.»

Er nimmt die Hand fort. Wendete ich den Kopf, so könnte ich sein Gesicht sehen. Vielleicht würde ich ihn erreichen, läse er in meinen Augen, daß ich weiß, was er sagt.

«Aber als du nicht verstanden hast, warum ich hier bei dir bin, als du nicht bereit warst, mit mir das Abenteuer einzugehen, das du und ich hieß, hast du mich kastriert.»

Er beginnt zu weinen. Ich gehe aus dem Zimmer.

Ich gehe ins Wohnzimmer. Fange an, verschiedene Bücher aus dem Bücherschrank zu ziehen, blättere eins ums andere durch. Und dann gebe ich auf, lege den Kopf auf die Knie.

Er steht in der Tür. Schaut seine Hände an, als sähe er sie zum erstenmal.

«Ich wollte meine Vergangenheit loswerden, aber das ist mir nicht gelungen», sagt er zu mir. «Ich lebe die Vergangenheit. Die Vergangenheit ändert sich nicht.»

Er geht aus der Wohnung. Ich höre die Tür zuschlagen, und ich weiß, er wird spät und sehr betrunken zurückkommen. Ich versuche, aus dem Fenster einen Blick auf ihn zu erhaschen.

Neben dem Fenster hängen Familienbilder. Am Ende werden wir uns alle auf Fotografien für die Nachwelt aufgereiht wiederfinden.

In die Leere starrend, um nie wieder auf diese Art zu existieren. Bilder werden das wiedergeben, was wir im Laufe der Zeit waren.

Ich berühre eine Fotografie, fahre dann mit dem Finger über mein Gesicht. Ich verlasse die Wohnung.

Die Dämmerung schleicht auf den Straßen New Yorks um Gebäude, Menschen, Autos und Schmutz herum. Bewußt nehme ich meine Umgebung auf, Geräusche, Gerüche, und bin zuletzt seltsam getröstet von all dem Vertrauten und Gewohnten.

Eine plötzliche Kindheitserinnerung aus Norwegen. Ich schwimme.

Gleite durch das Dunkel der Nacht. Nackt.

Das fahle Licht des Vollmonds legt vor mir eine leuchtende, endlose Spur aufs Wasser.

Um mich herum das phosphoreszierende Meer. Die Tiere des Meeres.

Tausende Diamanten treiben mir entgegen, und wenn ich durch sie hindurchschwimme, stieben sie in alle Himmelsrichtungen davon. Lassen mich, eingeschüchtert von ihrer glitzernden Spur, zurück, mich, das junge Mädchen.

Ich sehe mich mitten in den schwarzen und grauen

Wolkenkratzern New Yorks von endlosem Beton umringt und weiß, daß über einem Fjord in Norwegen noch immer ein Zauber liegt.

Die Nacht ist vorüber. Wir sitzen beisammen. Ich halte ihn fest. Er spricht. Sanft streiche ich ihm übers Haar, küsse seinen Nacken. Mit leichten Berührungen und zustimmendem Flüstern zeige ich ihm, daß ich ihm zuhöre. Er reagiert nicht darauf. Er ist verloren an seine eigene qualvolle Welt. Ich weiß, daß wir einander verlassen müssen.

Er vertraut sich der Nacht an, spürt nicht, daß ich ihm nahe bin und helfen möchte.

«Allein mit dir, bin ich der Situation nicht gewachsen. Ich sage die falschen Dinge. Ich fasse dich kaum an, außer im Bett. Doch wenn wir mit anderen zusammen sind, möchte ich dich die ganze Zeit in den Armen halten. Ich streichle dich unentwegt, für jedermann sichtbar.» Er weint.

«Ein Mann ist ein öffentliches Wesen. In der Öffentlichkeit macht er das, was er in der Zweisamkeit nicht kann – er ist scheu, wenn er allein ist. Männlichkeit ist eine öffentliche Angelegenheit. Ist Angeberei. Die Menge ist sein Gott. Das Animalische ist seine Natur. Er kämpft um die Anerkennung der anderen Artgenossen.»

Es ist, als säße ich in einer Ecke und beobachte ihn und mich – beim Spielen einer Rolle. Und wie in einem Film wird der Dialog szenisch voll ausgespielt.

SIE: Ich habe keine Zeit mehr, um länger deine Mutter oder dein Kind zu sein. Ich habe keine Zeit mehr, um es dir zu überlassen, ob es ein guter oder ein schlechter Tag werden soll. Ich habe keine Zeit mehr, mich von deinen Vorstellungen von mir bestimmen zu lassen.

ER: Hast du Angst, daß du deine Zeit vertust?

SIE: Es gibt ein junges Mädchen in mir, das nicht sterben will. Es sagt mir, daß es dort draußen noch so viele Dinge gibt, von denen ich keine Ahnung habe. Ich möchte alles kennenlernen. Ich möchte meine Wurzeln nur in mir selbst haben. Ja, und ich möchte lieben.

Die Liebe mit dir möchte ich nicht, weil sie Abhängigkeit bedeutet.

Ich möchte meine Schablone durchbrechen und möchte, während ich das tue, den Schmerz und die Einsamkeit als unvermeidlich und als Teil meines Lebens annehmen.

ER: Willst du mir damit sagen, daß ich gehen soll?

SIE: Ich will dir sagen, daß du nie wirklich hier warst. Wir glaubten einander zu lieben – aber wir liebten unsere Träume von der Vergangenheit und unsere Hoffnungen für die Zukunft.

ER: In diesem Augenblick – hier und jetzt – weiß ich, daß ich dich liebe.

SIE: In diesem Augenblick – hier und jetzt – weiß ich, daß auch ich dich liebe. Der Sonne wegen, die durch das Fenster scheint. Der Farbe deines Pullovers wegen, deiner breiten Brust und deiner starken Arme wegen. In diesem Augenblick liebe auch ich dich, deiner unglücklichen Augen wegen – und weil ich mich an deinen Mund, deinen Körper erinnere. Ich liebe dich, weil du eine gütige Seele hast, und ich liebe dich, weil du intelligent bist. Weil du mich oft gerührt und weil du mich zum Lachen gebracht hast. Aber das ist nicht genug.

ER: Du redest wie ein Kind, und ich möchte dich verstehen. Ich möchte dich nicht verlassen – weil du nicht allein sein kannst. Du wirst verletzt sein, und du wirst isoliert sein. Du bist nicht mehr jung, und die dich jetzt haben wollen, könnten dich aus dem falschen Grund wollen. Ich werde dich heiraten, und ich werde dir helfen, wenn du Hilfe brauchst.

Du bist ängstlich und du bist unzufrieden. Du bist auch enttäuscht. Du brauchst einen Mann, der dich beschützt. Du brauchst mich. Schick mich nicht fort. Ich könnte deine letzte Chance sein. Vielleicht kannst du noch ein Baby haben – dann müßtest du nicht durch die Welt reisen, um dein Bedürfnis, jemand zu bemuttern, zu befriedigen.

SIE: Ich verlasse dich, weil du mich nicht erkennst. Ich verlasse dich, weil ich nicht länger versuchen will, all das zu sein, was ich nicht bin. Ich verlasse dich, weil ich *ich* sein will und mein Leben so leben muß, wie ich es für richtig halte. Ich verlasse dich, weil ich verantwortlich für das bin, was ich fühle und weiß und verstehe.

Und ich werde dich vermissen – ich werde die Wärme deiner Umarmungen vermissen und die Gewißheit, daß jemand hier ist, wenn ich nach Hause komme, und ich werde dich aus all den falschen Gründen vermissen. Vielleicht werde ich weinen und dich bitten, zurückzukommen. Aber tu's nicht. Du hast nicht länger meine Zuflucht zu sein, mein Grund zur Selbstachtung und mein Stolz.

ER: Du hast einmal gesagt: «Nichts kann mich mehr verletzen.» Weißt du, daß du einer Menge Verletzungen entgegengehst?

SIE: Ja. Aber das ist kein Grund für uns, zusammenzubleiben. Angst ist ein Gefängnis, aus dem niemals Liebe hervorgehen kann.

(Er steht vom Bett auf und setzt sich in den Sessel, schaut sie lange Zeit an.)

ER: Du bist auf der Flucht vor deinem vergangenen Leben.

SIE: Ich habe Heimweh nach meiner Vergangenheit – aber gleichzeitig möchte ich mein Leben mehr und mehr Dingen öffnen. Ich will nicht mein Leben lang das gleiche Repertoire.

Ich möchte meine Arbeit neu bewerten. Ich möchte, daß das, was ich tue, *zählt*. Ich möchte *verdienen*, daß ich überlebe.

ER: Ehe ich dich traf, war ich krank. Ich wollte die Menschen nicht. Ich wollte keine Beziehungen. Ich wollte nicht einmal mehr mir selbst zuhören. Ich war vierzig und schon so weit, mich hinzusetzen und auf den Tod zu warten, umgeben von meinen Büchern und meiner Musik. *Du* hast das nicht geändert. Aber die Frustration, die Wut, die mich oft deinetwegen erfaßten, wenn ich dich herumrennen sah auf der Suche nach deiner wahren Bestimmung – sie ließen mich meine eigene Krankheit, meinen eigenen Tod sehen; aber ich starb nicht, ich überlebte. Ich habe einen Aufschub erhalten. Ich annulliere nicht meine Erfahrungen mit dir – meine Lebensanschauung hat sich geändert. Aber weil ich dem Untergang so nah war, kann ich niemals so sein, wie du mich gern hättest.

Wenn du mich verläßt, werde ich mit meinem Leben weitermachen. Ich werde manchmal an dich denken, aber ich weiß nicht, ob ich dich vermissen werde.

SIE: Ich werde es sein, die dich vermißt.

ER: Ich liebe dich.

SIE: Ich bin nicht sicher, ob ich weiß, wie man liebt, aber auf meine unvollkommene Art liebe auch ich dich.

ER: Halte mich fest.

(Sie geht zu ihm hinüber, umarmt ihn. Lange bleiben sie so sitzen. Dann steht er auf, geht weg von ihr. Schaut sie noch einen Augenblick lang an. Er geht. Sie sieht ihm nach, als er die Tür hinter sich schließt.)

(Schnitt)

Sie ist auf einer Reise der Einsamkeit. Sie braucht Raum.

Nicht Worte, nicht Musik werden mehr in ihr lebendig, selbst wenn *sie* schreibend und durch bestimmte Melodien zu leben vermag.

Sie ist nicht mehr und nicht weniger als das Strahlen oder Erlöschen ihres Gesichts. Sie ist so, wie sie zuhört oder nicht zuhört. Sie ist das, was ihr Wort lebendig macht oder zum Ersterben bringt.

Sie ist auf einer Reise der Einsamkeit, weiß sich etwas nahe, auch wenn es nicht der Mann an ihrer Seite ist, dem sie sich nahe fühlt. Es ist nicht sein Arm, der sie hält, während er noch schläft, oder die Art, wie er seufzt und sich umdreht. Es ist nicht er.

Sie trafen sich und redeten miteinander, und sie lernten voneinander. Doch als ihre Sinne sie an die Stärke des Alleinseins gemahnten, als sie spürte, daß sie etwas verlor, wenn sie die Einsamkeit verlor, begann sie sich zurückzuziehen. Sie schlief mit ihm und war dennoch allein in der Stille ihres Zimmers und im Licht der Lampe bei seinen Umarmungen.

Sie hatte gehofft, ohne einen Blick zurück einen

verzauberten Garten zu betreten, eine Zuflucht – am Ende aber fand sie sich wieder auf einer Reise der Einsamkeit.

Ihr Bett ist die Erde, und sie schließt die Augen, fühlt sich geborgen unter den Decken und auf dem Kissen, auf dem ihr Kopf liegt.

Der Druck des Armes, den er um sie gelegt hat, ist etwas, das sie vergißt, wenn sie, noch wach, in einen Traum versinkt.

Ihre Lider schließen sich über einem allgegenwärtigen blauen Blick.

Die Bewegung ist anfangs noch zögernd, und da ihre Augen geschlossen sind, kann sie schwer feststellen, ob sie sich den Wind auf ihren Wangen nur einbildet. Die Decke ist fast ganz über ihren Kopf gezogen, und dann – in der Dunkelheit – passiert es. Die Dunkelheit ist nicht länger schwarz – Silberstreifen und Goldperlen und rotschimmerndes Glas gesellen sich zu ihr, schießen aufleuchtend an ihr vorbei.

Die Schönheit ihrer Reise – Silber und Gold und schimmerndes Kristall.

Regenbogen und zartes Flüstern und feuchte Küsse.

Die Perlen, die sie einfängt, fängt sie mit ihrer warmen Hand ein und spürt, wie lebendig sie sind, wie sie sich in ihrer Hand bewegen. Sie versprechen Reichtümer, wenn sie je ihr Schicksal bewältigt, das Sonnenschein – das Einsamkeit ist.

Und nun kann sie spüren, wie sie fliegt, über ein Meer . . . einen blauen . . . einen schwarzen Ozean . . . über einen Spiegel aus Grün, aus Grau. Sie kann nicht sagen, welche Farbe das Wasser hat.

Und der Wind lüftet die Decken ihres Bettes, ihre Arme werden zu Segeln. Nicht zu Flügeln. Wie wunderbar frei lassen ihre weißen Arme sie dahingleiten, niedergehen, emporfliegen.

Und wie sie über das Meer mit all seinen Farben und seinem weißen Schaum wirbelt, segelt und schwebt, durchdringt die Einsamkeit ihren Körper, befreit sie von allem und jedem.

Ein Gefühl der Kraft erwächst ihr aus dem Alleinsein. Allein. Allein.

Die Kraft, allein zu sein mit den Meeren und den Winden.

In dieser Kraft der Einsamkeit verläßt sie die Geborgenheit des Arms um ihren Körper, das klare Profil auf dem Kissen neben sich. Und sie wirbelt um die Erde, wo sie nicht länger die Schwerkraft spürt, wo sie nicht mehr das Gras und die Bäume und all das ihr Vertraute sieht.

Sie ist der Klang, der sie umgibt, sie ist der Wind selbst. Wenn sie zuletzt den Ozean durchdringt, tiefer und tiefer ins Wasser sinkt, gleitet sie an allem Vertrauten vorbei, ohne es zu erkennen. Sie selbst ist die Tiefe.

Ich sage für ihn seine Lügen, um meinen Schmerz zu lindern.

Ich sage ihm: «Ruf mich an, wenn du magst.» Sehnsucht erwähne ich nie.

Ich kann kaum atmen. Man nennt es Sauerstoffmangel.

Ich weiß, daß es Mangel an Liebe ist.

Ich fühle mich manchmal wie der Fischer, dem der dankbare Wassergeist drei Wünsche gewährte. Wie er, möchte ich die zwei zuerst geäußerten ungesagt sein lassen.

Ich wünschte mir: «Laß ihn mich sehen!»

Dann wünschte ich mir: «Laß uns ein Liebespaar werden.»

Nun wünsche ich, daß beide ungeschehen wären.

Ich weiß, was sein Schweigen bedeutet, ehe er den Mut zur Wahrheit findet, die hinter seinen Phrasen steckt. Und als er schließlich ohne ein Wort verschwindet, lerne ich die eiserne Regel:

Geh zuerst. Geh einfach fort.

Wie ist das möglich? Er sagte mir: «Wage es doch zu fliegen!»

Quatsch.

(Und ich bin wieder sechs – wie damals, als Vater starb und ich allein gelassen wurde, ohne Anleitung.)

Ich lerne die eiserne Regel: Geh zuerst.

Sonst wirst du sterben aus Liebe für einen, der nicht lieben kann.

Ich hatte nie die Möglichkeit, ihm zu sagen, wie ich empfinde:

«Weil ich dich liebe, vertraue ich dir. Weil du mich dich lieben läßt, sei du der Hüter meiner Liebe.

Und da du ihr Hüter bist und es enden muß – oh, bitte, sei behutsam, damit es nicht allzusehr schmerzt.»

Fünfter Teil

Gezeiten

Es macht mich unglücklich zu erkennen, daß es von gutem für mich ist, wenn ich niemals finde, wonach ich suche, denn so werde ich nie aufhören zu suchen.

Ich möchte erfahren, wie ich *damals* war, als ich noch sehr jung war – die Geräusche und die Düfte, die Gesichter meiner Kindheit. Ich suche nach dem Kind in mir. Nach der verlorenen Unschuld. Nach Reinheit und Freiheit. Nach Wahrheit. Doch ich erkenne, daß alles, was *war*, für immer dahin ist.

Es mag unrealistisch sein, das wiederfinden zu wollen, was man war, und doch versuchen wir es alle auf die eine oder andere Weise, wenn wir unsere Sterblichkeit zu spüren beginnen.

Das Kind in mir wußte, was die Erwachsene niemals wissen wird. Lange Zeit habe ich meine Kindheit betrachtet und mich gefragt, ob es wirklich die meine war. Ich sah dieses Wesen an, das ich war, und wie ich es ansah, fühlte ich mich verloren.

Je mehr ich lernte, um so weniger verstand ich; je mehr ich mich erinnerte, um so verlorener fühlte ich mich.

Während ich nach mir suchte, floh ich vor mir.

Ich versuchte, die Gespenster in mir zum Sprechen zu bringen.

Meine Großmutter, seufzend in ihrem Bett, ahnungslos, daß sie von mir, dem kleinen Mädchen, beobachtet wird. Zwanzig, dreißig Jahre später rufe ich sie, auf fundamentale Weise, ins Leben zurück.

Sie ist die liebe alte Frau von Macao und die Frau Alving in Ibsens Stück. Sie ist Hannah in Auschwitz und eine weinende Mutter auf den Philippinen. Sie ist auch du, Abel – und ich wünschte, ich hätte das erkannt, solange du noch hier warst.

Der lauteste Schrei ist unhörbar und bleibt in uns als unser eigenes Geheimnis.

Manchmal warst du so deprimiert, daß du, ohne zu lachen, sagtest: «Ich werde nie ein glücklicher Mensch sein. Selbst wenn ich berühmt werde, wird es niemand wissen. Wenn mein Anzug aus dem Fenster fiele, würde ich drinstecken.»

Oh, Abel.

Vor einer Woche hatte ich einen Traum.

Ein kleines Mädchen kriecht durch die Straßen von Neu-Delhi.

Da die Kleine verkrüppelt und müde ist, hat sie Schwierigkeiten, den Gehsteig zu erreichen, auf den sie anscheinend zusteuert. Autos jagen an ihr vorbei. Du nimmst sie auf den Arm und trägst sie vorsichtig eine ganze Zeitlang, wartest auf ihr Zeichen, anzuhalten, bis du begreifst, daß sie kein Ziel hat, nur die Straße überqueren möchte. Sie lacht in deinen Armen, fühlt sich wie eine Königin, du merkst, welches Vergnügen ihr der Spaziergang macht. Dann zeigt sie plötzlich auf einen großen Platz mit grünem Rasen, der rundum mit Bäumen und Blumen bepflanzt ist, die ihn verschönern sollen. Liebe strahlt aus den Augen des Kindes, als es auf den weichen Rasen gesetzt wird. Liebe strahlt aus seinen Augen, als hättest du ihm mit der Entdeckung dieses Zufluchtsorts eine Tür zum Paradies geöffnet. Sein ganzes Gesicht strahlt dich wie eine Sonne an. Unter den Bäumen, die verwachsen wie sie selbst sind, ruht sie sich aus – zeitlos kühle Schatten gleiten über sie hin.

Sie ist obdachlos und verstoßen, als sie jedoch auf die Blätter und Zweige und zum blauen Himmel hinaufschaut, scheint sie für einen Augenblick voll Glückseligkeit zu sein.

Ich bin nicht darauf aus, die Welt zu verändern, ich weiß nicht einmal, *was* sie ändern wird. Ich weiß nur, daß wir alle unsere Spur hinterlassen, auch wenn die Stationen unserer Reisen verschieden sind.

Linn und ich wandern am Meer entlang – es ist Gezeitenwechsel.

Ihre Wangen sind vom Wind gerötet.

Ist es wirklich der Wind?

Sie ist schweigsam – ein zartes kleines Lächeln spielt um ihren Mund.

Nie zuvor sah ich dieses Lächeln.

Du wächst heran, meine Tochter, indem du dich löst, während ich lerne, loszulassen.

Laß mich dir eine Geschichte erzählen:

«Es war einmal ein Mann, der war neunzig und pflanzte einen Baum. Drei Jungen kamen vorbei und schauten ihm zu und liefen um ihn herum und verspotteten ihn. Einer sagte zum anderen: ‹Ich könnte ja noch verstehen, wenn er was mit den Händen machte, damit die Zeit schneller vergeht, aber in seinem Alter etwas zu *pflanzen!*›

Der Mann tat so, als höre er sie nicht. Schweigend grub er ein Loch und pflanzte den Baum. Nicht lange darauf starb er.

Dreißig Jahre später, als die Jungen schon Männer mittleren Alters waren, kamen sie an einem Baum vorbei und freuten sich über die reifen Früchte, die an dem Baum hingen. Sie pflückten sie ab und aßen sie – und hatten den Baum nicht erkannt.»

«Wie lange willst du mir denn noch Geschichten erzählen, Mama?»

«Wenn du mich läßt – immer.»

«Wirst du dich einsam fühlen, wenn ich von zu Hause weggehe?»

«Nein. Aber ich werde dich sehr vermissen.»

«Glaubst du, daß du dich wieder verlieben wirst?»

«Das werde ich bestimmt.»

Es gibt eine Geschichte, die ich als Kind oft hörte – von dem Schneeglöckchen, das im April blühte, in der Hoffnung, den Rittersporn zu treffen, ihren Prinzen.

«Ich warte auf den Rittersporn, meinen Freier, den Sohn des Sommers. Er hat sich hier mit mir verabredet. Ich konnte nicht warten und bin zu früh da; aber er wird noch kommen.»

So erschien jedes Frühjahr das Schneeglöckchen gleich nach der Schneeschmelze, hoffte und wartete vergebens.

Ich war einmal wie dieses Schneeglöckchen – neugierig, ob der Rittersporn, wenn er meine Geschichte hört, seine blauen Blütenblätter für mich als Zeichen zurücklassen würde. Bis ich langsam – während der Jahre mit Abel – weiser wurde. Und je mehr ich verstand, desto mehr konnte ich lernen; je mehr Erfahrungen ich mit anderen machte, desto mehr erinnerte ich mich. Als Menschen, die ich nie zuvor gesehen hatte, mein Mitgefühl erweckten, brauchte ich nicht länger nach mir zu suchen.

Linn und ich gehen schweigend nebeneinanderher. Es wird dunkel. Wir sind auf dem Heimweg. Eine kleine blaue Blume, die irgendwie ausgerissen und vom Wind an den Strand geweht wurde, treibt nun, von der Ebbe erfaßt, langsam von uns weg.

«Es braucht lange Zeit, eine echte Blume zu pflanzen, eine, die bleibt», sage ich zu meinem Kind. «Wir kommen daher mit unseren Büchern und gelehrten Schriften und mit all unseren Berechnungen, und wir versuchen eine vollkommene Pflanze zu züchten, die ewig blüht und unserem Leben Gewicht gibt.»

Ich schaue sie an. Sie lächelt noch immer – und sie redet nicht.

Es gibt eine Mutter in Äthiopien, deren Arme nun leer sind, da sie ohne Chance lebt. Ich habe gesehen, wie sie ihrem verdurstenden Kind die hohle Hand, gefüllt mit verseuchtem Wasser, reicht.

Es gibt ein kleines Mädchen in Bangladesch, das den Einbau einer Wasserpumpe in seinem Dorf feierte. «Ich möchte dir alles zeigen, was schön ist in meinem Leben. Ich möchte dir mein Heim und meine Familie und alles, was wächst, zeigen.»

Es gibt einen jungen Lehrer in Kolumbien, dessen Lächeln sein ganzes Gesicht erstrahlen läßt. «Ich wollte eigentlich Mönch werden, doch manchmal wird man aufgefordert, auf andere Weise zu dienen. Man hat einfach etwas anzupflanzen, dessen Zweck man nicht kennt. Bloß daß man der einzige ist, der es tun kann.»

Es gibt eine Frau in Norwegen, die zu verstehen versucht.